教育部人文社会科学基金青年项目（21YJCZH003）

"重大突发公共事件、政府补贴与高科技企业创新研究"

武汉纺织大学学术著作出版基金资助出版

政府补贴、技术创新与企业财务绩效研究

蔡学辉　著

中国纺织出版社有限公司

内 容 提 要

本项目研究过程主要分为四个阶段。第一个阶段通过规范研究发现研究问题，确定研究框架、研究方法与技术路线。第二个阶段为文献回顾与总结，为课题的整体研究奠定理论基础。第三个阶段为本书的核心部分，通过三个实证研究全面考察创新投入对创新绩效的影响，从专利的角度考察创新绩效对企业绩效的影响以及创新投入、创新绩效与企业绩效间的互动关系。第四个阶段为规范研究，总结文章、展望及研究不足，对研究内容进行了系统性的整体归纳和总结，并提出未来研究的方向以及本书研究内容存在的不足之处。

本研究可以对政府补贴政策实施效果的评定提供借鉴，为企业创新战略的制定及企业知识产权的管理提供实证参考依据。

图书在版编目（CIP）数据

政府补贴、技术创新与企业财务绩效研究 / 蔡学辉著 . -- 北京：中国纺织出版社有限公司，2022.11
ISBN 978-7-5180-9920-7

Ⅰ.①政… Ⅱ.①蔡… Ⅲ.①技术革新—影响—企业创新—企业绩效—研究 Ⅳ.① F273.1

中国版本图书馆 CIP 数据核字（2022）第 191885 号

责任编辑：宗 静 亢莹莹 责任校对：寇晨晨
责任印制：王艳丽

中国纺织出版社有限公司出版发行
地址：北京市朝阳区百子湾东里 A407 号楼 邮政编码：100124
销售电话：010—67004422 传真：010—87155801
http://www.c-textilep.com
中国纺织出版社天猫旗舰店
官方微博 http://weibo.com/2119887771
三河宏盛印务有限公司印刷 各地新华书店经销
2022 年 11 月第 1 版第 1 次印刷
开本：710×1000 1/16 印张：9.75
字数：180 千字 定价：78.00 元

近年来，在"国家创新驱动发展战略"的推动下，我国政府对企业的研发资助和企业自身的研发投入力度不断增加；与此同时，2011~2016年我国发明专利申请受理量连续六年位居世界第一。在此背景下，政府补贴和企业研发投入对企业创新绩效和财务绩效的影响机制效果如何、企业如何充分利用和整合内外部资源提升创新绩效和知识转化能力以适应日益激烈的市场竞争的需要，是摆在政府和企业面前的重大课题。

通过对相关文献的回顾与分析，发现目前的研究存在如下缺陷：缺乏政府补贴、企业投入和创新绩效的互动研究，以及吸收能力在上述过程中的作用；缺乏专利数量和专利质量对企业绩效影响在不同行业间的比较研究；关于创新投入、创新绩效和企业绩效间相互作用的研究较为匮乏。基于此，本书以创业板上市公司为研究样本，采用实证分析的方法，通过三个子研究试图弥补上述研究缺陷。

在本书选题与写作的过程中，朱雪忠教授、杨为国教授、薛明皋教授、余翔教授、郑长军教授、丁秀好老师、文家春老师等均提出了宝贵的意见和建议，本书的完成也凝聚着各位师长的智慧。同时，感谢武汉纺织大学研究生处对本书的出版提供的帮助与支持。

教育部人文社科基金青年项目"重大突发公共事件、政府补贴与高科技企业创新研究"，2021—2023年，项目编号：21YJCZH003、国家自然科学基金项目"专利分散对我国战略性新兴产业自主创新的影响机理及政策研究"和国家自然科学基金项目"政策引导创新模式下的专利集成问题及其政策优化研究"对本书的完成提供了很大的帮助。

华中科技大学管理学院知识产权战略研究院的各位同学和其他同学对本书的完成也做出了很大的贡献，包括张军荣师兄、周璐师兄、罗敏师姐，朱桂焱博士、李喆博士、车慧中博士、聂晗博士，谢伟峰、许艳霞、李晓静、冯海军、卢炳克同学，徐平、匡秋丽、柳青、宋伟龄、侯帆师妹，蔡宇晨、陈科仲、鲍业文师弟，感谢你们的帮助与支持。其中，特别感谢德高行（北京）科技有限公司总经理车慧中博士在本书专利方面数据的收集过程中给予的技术支持与帮助。

由于本人才疏学浅，所做研究还存在一定的局限性和不足之处，敬请读者赐教与指正。

蔡学辉

2022年8月

目录

CONTENTS

第 1 章

绪论

1.1 研究背景

21世纪是知识经济的时代，企业能否在激烈的市场竞争中生存并脱颖而出，更多地依赖于企业的科技创新能力和有效的对自主知识产权的管理和应用。创新是企业发展的动力，只有持续创新的企业，才能在竞争中立于不败之地（钱锡红，杨永福，2010）。发达国家，如美国、韩国、日本等国明确将知识产权战略提升到国家战略的层面，可见其对创新的重视。企业创新的中心问题是企业通过资源的合理配置与整合形成创新成果（Tödtling，Lehner，2009）。创新的主要产品一般先形成智慧性资产，并以知识产权如专利等形式呈现。而一个企业通过自主创新或者其他途径获得知识产权不是为了获得而获得，而是通过知识产权的转让、授权、许可或实施把它转化为产品、并将产品销售出去等形式将无形的知识产权转化为以企业绩效为表现形式的经济利益。随着创新复杂程度的增加以及资源和企业能力的限制，企业创新对资金投入和技术积累的需求越发苛刻。企业如何整合利用已有资源，并将资源转换为创新成果和企业财务上的收益并形成企业的竞争优势，以适应产品更新换代日渐加快的时代形式显得尤为重要。因此，深入分析企业创新投入对创新绩效和企业绩效的影响，创新绩效对企业绩效的作用以及创新投入、创新绩效和企业绩效之间相互作用的机制以增强企业对已有资源的利用效率具有十分重要理论和现实意义。本书的选题背景主要基于以下三个方面：

（1）2016年中共中央和国务院联合印发了《国家创新驱动发展战略纲要》，该《纲要》明确提出实施创新驱动发展战略，强调创新是提高社会生产力和综合国力的战略支撑。在创新驱动发展的背景下，创新成为最重要、最关键的经济资源和生产要素（陈恒，侯建，2017）。科技创新是否以及如何影响创新绩效和企业绩效是国家创新政策和企业创新管理的核心问题，受到学术界、实务界和政府的广泛关注。但是，技术创新的"正外部性"和创新的高风险性特征，使创新企业在承担了较高的创新风险的同时，而未能获得由于所承担的高风险而获得相应的高收益。基于此，多数国家一方面从政策上鼓励企业创新，另一方面采取直接以政府财政补贴的形式支持企业的研发活动。近年来，我国研发投入持续攀升。根据《全国科技经费投入统计公报》显示，我国研发投入（包括政府补贴和企业研发投入）规模从2009年的5802.1亿元（研发投入强度为 1.66%）增加到 2016 年的 15676.7 亿元（研发投入强度为 2.11%），年均增长率高达 15.26%。上述数据可以看出，我国研发投入资金无论从规模还是从强度上都在不断攀升。但是，在国家创新战略转型的过程中，如何合理且高效地运用企业内外部资源和企业自身能力来提升企业的创新绩效和财务绩效，无疑是关键的战略因素。一方面，作为企业研发资金的主要来源，政府补贴和企业研发投入会在一定程度上影响企业的创新绩效进而影响企业的经营状况。另一方面，企业的创新是一个长期过程，需要持续的资金投入，企业的创新成果会影响企业创新战略的制定过国家的创新资助政策。因此，探讨创新投入对创新绩效的影响具有较强的政策和管理意义。

（2）2008 年 6 月 5 日国务院颁发《国家知识产权战略纲要》，该纲要指出要实施知识产权战略："到 2020 年把我国建设成为知识产权创造、运用、保护和管理水平较高的国家。"从纲要中我们可以看出国家已经把知识产权的运用及保护提升到国家战略的层面。专利作为企业创新活动的主要产出品，是企业的独特资源，记载了世界各国的新技术、新工艺、新方法，标志着新的科技与市场发展动态（Wernerfelt，1984）。已经成为一个企业、国家或地区技术资产中兼具科研价值和经济价值的重要组成部分（谷丽，郝涛，2017；马廷灿，李桂菊，2012）。随着国家知识产权战略和创新驱动发展战略的不断推进，我国专利申请量大幅提升。根据国家知识产权局公布的数据显示，近年来，我国专利申请总量大幅增加，并呈逐年上升态势，如图 1-1 所示。国家知识产权局公布的数据显示，2016 年我国发明专利申请受理量为 133.9 万件，相当于欧美、日韩等国专利申请受理量的总和。2011~2016 年，我国发明专利申请受理量连续六年位居世界第一。中国专利申请数量的不断增加，不仅引起国内学者的关注，也引起了国外人士的质疑。美国哈佛大学法学院副研究员 Viek Wadhwa 发表文章称，中国专利的申请过于追求专利数量而非专利质量（朱雪忠，2013）。我国专利"大而不强，多而不优"的问题仍然比较突出。基于此，国务院于 2015 年 12 月颁发了《关于新形势下加快知识产权强国建设的若干意见》，该《意见》明确提出，要加强知识产权人才的队伍建设，贯彻落实专利质量提升工程，实现专利的从大到强，从多向优的转变。据世界知识产权组织（World Intellectual property organization，WIPO）统计，专利文献包含了人类创造的 95% 的科学技术成果。有效地实施和运用现有专利信息，可以有效缩短研发周期，节省研发费用（Jin，Feng，2011）。由此可见，提升专利质量，有效实施、开发和运用专利，对于增强企业乃至国家的自主创新能力和国际竞争力都具有重要的现实意义。因此，探讨专利数量和专利质量对企业绩效的影响，以及不同行业间专利数量和专利质量对企业绩效影响的差异具有重要的现实意义。对该问题的研究，不仅可以丰富该领域的理论研究成果，而且可以为企业技术创新管理和知识产权管理提供实证依据。

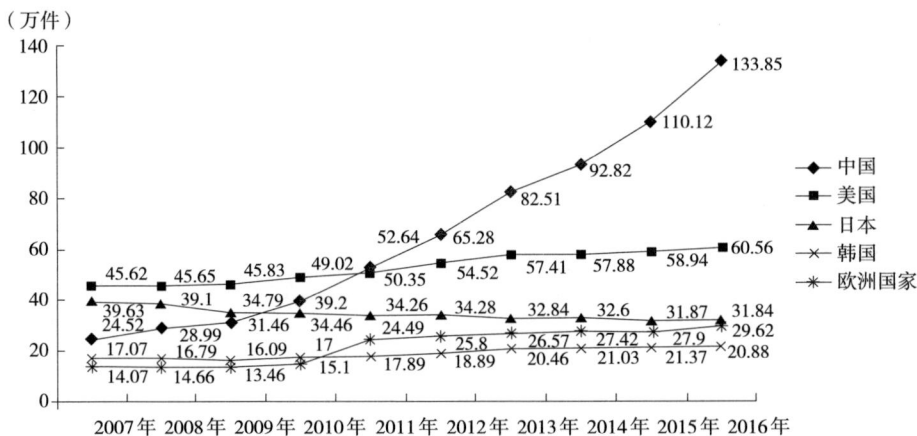

图1-1　中、美、日、韩、欧洲国家发明专利申请受理情况

注　数据来源于2007~2016年《世界五大知识产权局统计报告》。

（3）基金支持：本书得到了国家自然科学基金项目（项目名称为："政策引导创新模式下的专利集成问题及其政策优化研究"，项目编号为："71774058"）的资助。

1.2　研究目的

创新投入中政府研发资助和企业研发投入是企业创新投入的主要资金来源，专利是企业创新的主要产出形式（E Y Lee，Cin，2010；李平，刘利利，2017）。但是在传统的经济学、管理学或法学领域的研究中，对专利在企业绩效的提升中所发挥的作用的系统性研究较为缺乏。企业是市场活动的主体，在主观上是以盈利为目的，从事生产活动的经济组织。在客观上企业向社会提供商品或服务的同时，担负着创新的职能。但是企业在知识创造方面所发挥的作用是增强了还是减弱了，则是一个存在争议的话题。有观点认为，企业产品及创新的异质性是当代科学和生产的重要特点，企业不是唯一的知识生产者（张军荣，袁晓东，2014）。知识除企业之外还会通过政府实验室、高校等机构多种方式被生产出来，企业只是知识的产出渠道之一。也有观点认为，由于企业比实验室或高校等机构更加接近市场，了解市场需求，因此其创新地位愈发加强了。但是，无论如何，企业仍然是知识的重要产出渠道。对专利的关注，首先对于生产企业的关注，与专利及创新相关的理论和实践探索及构建也是基于此。《国家创新驱动发展战略纲要》《国家知识产权战略纲要》和《关于新形势下加快知识产权强国建设的若干意见》等文件相继出台之后，对企业专利相关问题的研究开始涌现。企业越来越被期待在创新和经济发展中发挥越来越重要的作用。基于前文理论研究背景并立足于中国企业的实际问题，本书的研究目的主要包括以下五个方面：

（1）在企业创新投入的资金来源中，探讨政府研发资助、企业研发投入与企业创新绩效的互动关系，并进一步分析企业吸收能力在上述关系中的调节作用。组织创新领域的核心问题是企业如何通过资源的合理配置形成创新绩效（Tödtling，Lehner，2009）。随着创新复杂程度和不确定性的增加以及资源和企业能力的限制，企业仅靠组织内部获取创新所需的信息和资源已无法适应产品更新换代日渐加快的时代形式（Escribano，Fosfuri，2009）。企业创新绩效的提升越来越依赖于吸收能力（Kostopoulos，Papalexandris，2011；Morgan，Berthon，2008），即企业对内外部各种资源进行识别、整合、转化和利用的能力（Cohen，Levinthal，2000）。企业创新投入资金中政府研发资助和企业研发投入作为企业创新投入的重要资金来源，对创新绩效发挥重要作用（Schwartz，Peglow，2012）。因此，深入分析政府补贴、企业投入与创新绩效间的相互影响关系，以及吸收能力在这一过程中的作用机理具有十分重要的现实意义。

（2）从专利数量和专利质量的视角探究创新绩效对企业绩效的影响，并进一步考察企业创新能力在上述过程中的调节作用。现有从专利视角研究创新绩效与企业绩效关系的研究，主要从专利数量层面考察专利与企业绩效之间的关系（Andries，Faems，2013；李忆，马莉，2014）。在对专利质量与企业绩效关系的研究中，大多数学者以专利引用量指标来衡量企业专利质量的高低

（Chang，Chen，2012；Y S Chen，Chang，2009，2010b）。在以我国企业为研究样本时，很难采用专利引用指标来衡量企业专利质量。一方面，是由于我国专利引用指标较难获取；另一方面，则是专利引用量本身受时间约束较强。比如，一项质量较高的新授权发明专利，其引用数量很难较为客观地衡量该件专利的质量。就目前的研究来看，专利对企业绩效的影响以及企业研发资本积累和知识积累在专利质量与企业绩效之间的调节作用，仍然没有被明确揭示。因此，本书在以往研究的基础上考虑到数据的可获取性和可靠性，从专利视角研究创新绩效对企业绩效的影响，以及企业创新能力在上述过程中的调节作用。

（3）比较创新绩效中专利数量和专利质量在不同行业间对企业绩效影响的差异，为企业专利布局和创新管理提供参考依据。同一行业有类似的组织文化特征，而具有类似文化特征的企业在竞争环境、用户需求和社会预期方面有类似的性质（Gordon，1991）。在公司创新管理方面，不同行业影响企业技术创新的因素存在差异性，而同一行业存在共同性（鲁桐，党印，2014）。这种共性和差异性可能会导致不同行业对专利数量和专利质量依赖程度的差异。以往学者以不同的行业为目标样本，研究专利与企业绩效之间的关系，其结果也各有差异（Toro，Guillermo，2013；刘小青，陈向东，2010）。因此，样本选择和行业选择的不同，专利与企业绩效之间的关系也存在明显的不同。从数据的选择来看，现有研究多基于全行业样本或单独某个行业的企业数据进行分析，然而全行业和单个行业数据难以揭示行业间专利数量和专利质量的差异以及由此造成的专利对企业绩效影响的差异，相对缺乏代表性。为全面考察专利对企业绩效的影响，本书第四章选用2009~2016年在中国创业板上市的公司为样本，采用聚类分析的方法将样本按照要素密集型分为技术密集型、资本密集型和劳动密集型三个行业，以弥补现有研究中样本选择方面的不足。通过行业间的比较分析，研究创新绩效中专利数量和专利质量对企业绩效影响的行业差异，即不同行业对专利数量和专利质量的依赖程度。并以技术密集型行业为子样本，进一步分析企业研发资本积累和知识积累在专利质量和企业绩效之间的调节作用机制。为中国企业研发投资管理、知识管理和知识产权管理提供理论参考和实证依据。

（4）探究企业创新投入、创新绩效和企业的财务绩效之间的相互影响关系。提高创新投入中政府补贴和企业研发投入对企业创新和企业绩效的影响是政府和学术界共同关注的热点问题，目前已经有大量国内外研究对该问题进行分析。但从文献研究中我们发明，当前该领域研究主要的局限性体现在：大多数研究集中在政府补贴对企业研发投入、企业创新绩效等两两关系的研究，得出政府补贴促进或抑制企业研发投入或企业创新绩效的结论，而针对政府补贴和企业研发投入对企业绩效的影响以及在此过程中创新绩效作用的研究较少；受限于数据，多数研究以国家、区域或行业等宏观层面数据为研究对象，而以企业为样本的微观层面的研究较少；多数研究集中在检验政府补贴是促进还是抑制了企业研发投入，实证结果也存在较大差异，并且忽略了企业对资源的整合利用能力等其他因素对上述关系影响的探讨。本书通过实证分析探讨了创新投入（政府补贴、企业投入）—创新绩效（专利）—企业绩效的传导机制，为政府科技资助政策的制定和上市公司在技术创新方面的管理提供参考。

（5）在上述理论和实证研究的基础上，本书最后的研究目的是将实证研究的成果应用于政策实践和管理实践，为我国企业在创新模式转型期如何有效利用企业有限的创新资源提供政策和管理建议。同时，也为企业管理者如何进行专利布局提供实证参考。

基于以上分析，提出本书的主要研究框架，如图1-2所示。

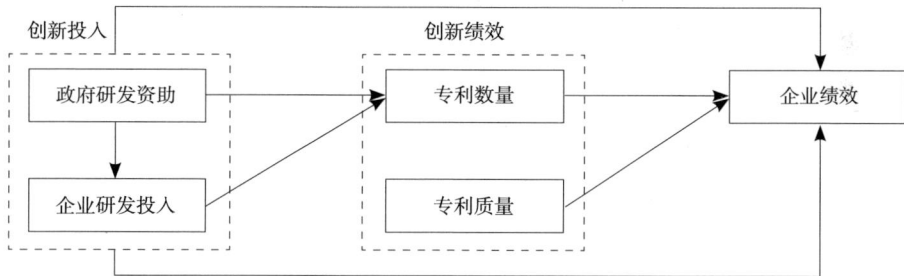

图1-2 研究框架

1.3 研究意义

1.3.1 理论意义

1.3.1.1 进一步丰富了投入—产出理论（Input-Output Analysis）

俄裔美国经济学家瓦西里·列昂剔夫（Wassily Leontief）受20世纪20年代

苏联计划经济平衡思想的影响，于1936年在《美国经济制度中投入产出的数量关系》一文中首先提出投入—产出理论。投入—产出理论的基础和数学方法主要来自瓦尔拉斯的一般均衡理论模型。因此，投入—产出理论又称古典的一般均衡理论的简化方案。投入—产出理论是研究国民经济中各部间平衡关系所使用的研究方法。该理论的一般思想是，当消费者偏好、要素供给和生产函数已知时，就能从数学上达到市场和要素的均衡状态。本选题受投入产出经济学理论的影响，在传统的投入—产出经济学理论的启发下，加入政府研发资助和企业研发投入双重投入要素，并运用计量经济学和管理学的方法，探讨两者对创新产出的影响，为投入—产出经济学理论增加了新的内容。

1.3.1.2 对资源基础理论和资源依赖理论的深化

资源基础理论认为，企业是人力、财力和物力等各种资源的集合体，企业的竞争优势主要源自资源差异，而不是企业所处产业环境的差异，因此，创造和维持这种差异是企业成功的关键因素（李婧，贺小刚，2010）。创新可以对企业已有资源有效整合，挖掘企业资源的更多潜力；同时，创新可以对企业新获取的资源进行有效配置，提升企业对资源的利用效率，从而提升企业的整体竞争优势（张大鹏，孙新波，2017）。因此，创新是企业获取和转化资源并塑造企业间资源差异化的有效途径。资源依赖理论认为，组织都不是自给自足的，组织想要在竞争的环境中谋求生存和发展，必须与其所在环境进行资源交换（Pfeffer，Salancik，1978）。本选题受资源基础理论和资源依赖理论的影响，将企业看作各种资源的集合体，企业的作用是利用自身创新能力和吸收能力有效协调并整合内外部资源，实现组织利益最大化。为资源基础理论和资源依赖理论提供了实证依据，丰富和发展了资源基础理论和资源依赖理论的内容。

1.3.1.3 加深对企业创新投入—专利产出—企业绩效传导和影响机制的理解和认识

企业不仅仅是知识创造和应用的机构和场所，更是市场活动的直接参与者，在经济发展中发挥着直接的作用。专利是企业技术创新的产出品，同时也是知识的重要载体。本选题用实证分析的方法指出，专利不仅能直接促进企业绩效的提升，同时创新投入也会通过专利来促进企业的财务绩效。该结论对企业的申请和应用提供理论参考，丰富和深化了专利活动相关理论，为企业知识产权政策的制定提供依据。

1.3.2 实践意义

1.3.2.1 为企业创新战略的制定和知识产权管理及应用提供参考

企业对知识产权的创造和应用能力是提升企业核心竞争力的关键，也是企业适应不断变化的日益激烈竞争的市场环境的必然选择。企业特别是高新技术企业是知识产权创造的主要力量，企业在主动参与科研和市场活动的过程中产生大量专利成果。只有将专利与市场环境相结合，充分利用好这些专利成果，才能不断激发相关人员的创造热情，不断提高企业的科技水平和市场竞争力。

1.3.2.2 为企业内对外部资源的整合和应用提供实证依据

知识经济的背景下，分工的精细化使知识成果的应用越来越集约化，这对我国企业专利的应用和实施提出了更高的要求。企业在加强对创新投入—专利产出问题关注的同时也要加强对专利的商业化和市场化效果的关注。高技术企业是高科技人才的聚集地，拥有较多的与市场相结合的高科技人才和研发创新资源，同时企业作为市场活动的直接参与者，能够迅速及时地获得市场的反馈，并能够对创新方向及时做出自我调整，在知识产品的创造上具有比较优势。知识产品的组合应用和集聚化是现代经济和社会发展的趋势，开放式创新、连续创新和集成创新成为技术创新的新形态（张军荣，2015）。企业专利的创造不仅是企业内部资源转化的结果，同时也受政府财政支持的影响。企业如何充分利用和整合企业内外部资源提升其创新能力和知识转化能力，以适应日益激烈的市场竞争的需要是摆在企业面前的重大课题。本书通过实证分析认为，企业资源整合和利用能力直接影响企业的创新产出、创新成果的应用和企业的财务绩效，为我国企业对其内外部资源的整合及应用提供实证参考。

1.4 研究方法、结构安排和技术路线

1.4.1 研究方法

本书综合运用了管理学、统计学、经济学等方法进行了理论分析和实证研究。通过文献分析、比较分析、实证分析和规范分析等研发方法对研究问题进行了深入的探讨。具体研究方法如下：

1.4.1.1　文献研究

通过对国内外相关领域的研究成果进行分析和总结发现目前研究存在的不足。首先通过阅读大量的文献资料和书籍，并借助网络资源，其中包括校内图书馆网络数据库、超星数字图书、中国知网数据库、书生数字图书、清华同方数据库、SpecialSciDBs（数据库）、万方学位论文、Elsevier science、ABI、EBSCO和Emerald Web of science以及google学术百度等网络资源进行大量的知识积累。了解国内外关于创新投入中政府研发资助对企业研发投入的影响、政府研发资助和企业研发投入对创新绩效影响、政府研发资助和企业研发投入对企业绩效的影响、创新绩效中专利对企业绩效的影响、创新绩效在政府研发资助和企业研发投入对企业绩效影响过程的作用的最新前沿动态，吸收利用国内外专家学者的研究经验和科研成果，然后通过精心筛选整理，去伪存真、去其糟粕、取其精华，初步形成本书的基本框架。通过理论分析和实践对比，对现有理论进行评估和分析，结合本书研究的主体进行分析和讨论，建立本书的研究框架。

1.4.1.2　比较分析

本书第2章比较、分析了关于专利质量和专利价值的相关概念，并对专利质量的定义及评价指标进行了比较，进而确立自己的观点。本书第4章通过实证研究分析了不同行业间专利数量和专利质量对企业绩效的影响，以及不同行业间专利数量和专利质量对企业绩效影响的差异。

1.4.1.3　实证分析

在理论分析的基础上，以我国创业板上市公司为研究对象，通过上市公司年报，国泰安（CSMAR）数据库、国家知识产权局网站、深圳证券交易所官方网站来获取能够度量创新投入中政府研发资助和企业研发投入的数据，创新绩效中专利数量、专利质量指标和企业绩效相关指标数据。采用spss21.0、Stata14.0等专业统计软件包对收集的数据进行处理，采用描述性统计分析、相关分析、时间序列分析、回归分析等数据处理方法对数据进行处理，最后得出相应结论。

1.4.1.4　质性分析

通过质性分析对实证分析的结果进行判断和评价。质性分析方法是一种定性分析与定量分析结合的分析方法。通过对大量素材的分析整理，归纳出素材内容中一些本质的可以用于量化统计的特征，从而避免定性分析的主观性和不确定性。根据定性分析的结果，对定性分析的指标采用量化指标度量，在量化统计的基础上，对量化结果进行定性总结。这种定性总结不同于实证分析，实证分析给出分析结果，而质性分析则是在实证分析的基础上，对实证分析的结果进行价值和认知的评判。

1.4.2 本书的章节安排与技术路线

本书的研究过程主要分为以下四个阶段。第一个阶段通过规范研究发现研究问题，确定研究框架、研究方法与技术路线。第二个阶段为文献回顾与总结，为文章的整体研究奠定理论基础。第三个阶段为文章的核心部分，通过三个实证研究全面考察创新投入对创新绩效的影响，从专利的角度考察创新绩效对企业绩效的影响以及创新投入、创新绩效与企业绩效间的互动关系。第四个阶段为规范研究，总结文章展望及研究不足，对研究内容进行了系统性的整体归纳和总结，并提出未来研究的方向以及本书研究存在的不足之处。本书的主要研究内容和章节安排如下：

第1章为绪论。包括研究背景、研究目的、研究意义、研究方法、结构安排和技术路线以及本书的主要创新点。

第2章为文献综述。对本书所涉及的主要概念进行了界定。对相关研究进行了综述性分析，为本书的三个子研究奠定理论基础。

第3章为第一个子研究。该章运用实证分析的方法，主要从创新投入的两个维度，政府对企业的研发资助和企业自身的研发投入的视角，探讨了创新投入对企业绩效的影响；分析了政府补贴、企业研发投入和企业创新绩效的相互作用关系，进一步分析了企业吸收能力在上述关系中的调节作用机制。

第4章为第二个子研究。该章从专利的视角分析了企业创新对企业绩效的影响。采用多元回归分析、Heckman二阶段模型等实证分析方法，首先以创业板全行业为研究样本分析了专利数量和专利质量对企业绩效的影响；其次采用聚类分析的方法将企业分为技术密集型、资本密集型和劳动密集型行业，比较分析了全行业和分行业间专利数量和专利质量对企业绩效的影响差异，以及在技术密集型、资本密集型和劳动密集型行业中，专利质量和专利数量在不同行业间对企业绩效影响的差异；最后以技术密集型行业为子样本，分析了企业创新能力等内部因素在专利数量和专利质量在影响企业绩效过程中的调节作用机制。

第5章为第三个子研究。该章采用实证分析的方法，探讨了企业创新绩效在政府研发资助和企业研发投入对企业绩效影响过程中的作用。该章首先分析了政府研发资助和企业研发投入对企业创新绩效和企业绩效的影响；其次分析了创新绩效在政府研发资助和企业研发投入对企业绩效影响过程中的中介作用；最后分析了企业自身创新能力在政府研发资助和企业研发投入对企业绩效影响过程中的调节作用机制。

第6章对现有的政策进行总结。结合本书的研究结论得出政策启示和管理启示。

第7章为全书的总结。该章对本书的总体结论进行了总结，通过规范分析的方法总结出本书整体结论，并指出相关领域的未来研究方向和研究的不足之处。

本书的研究框架和技术路线如图1-3所示。

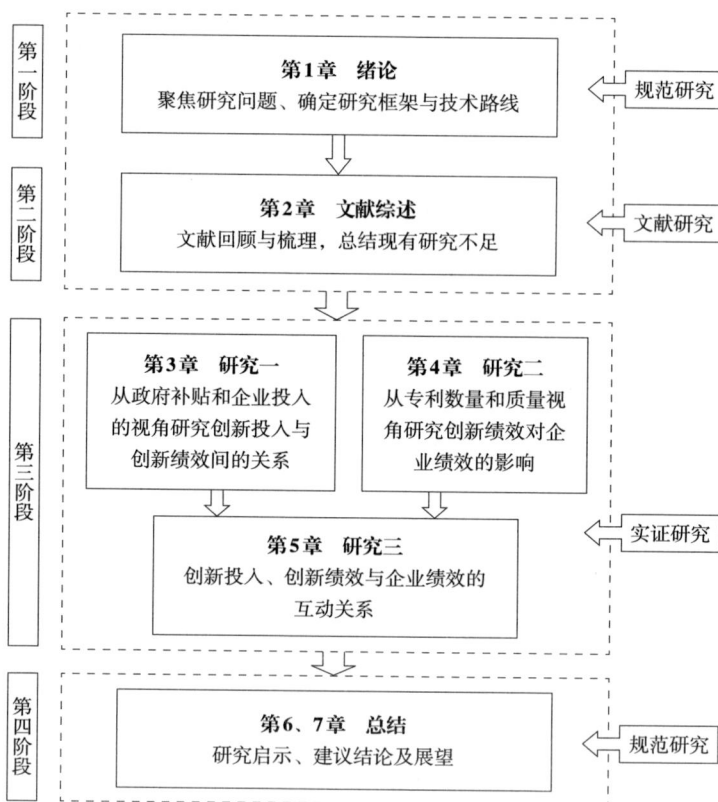

图1-3　研究的技术路线图

1.5 研究创新点

（1）拓展了创新投入中政府补贴、企业投入与创新绩效相互关系的研究。目前关于创新投入中政府补贴、企业研发投入与创新绩效关系的研究中，主要集中在政府补贴对企业研发投入的促进还是抑制效应以及政府补贴对创新绩效的影响是促进还是抑制作用，且目前其研究结论也存在分歧。而对于政府补贴、企业投入和创新绩效间相互作用的研究较少。本书从企业层面，分析了政府补贴对企业研发投入的影响；政府补贴通过企业投入对创新绩效的影响；企业研发投入对企业创新绩效的影响，以及吸收能力在企业研发投入影响企业创新绩效和政府补贴通过企业研发投入对企业创新绩效影响过程中的作用关系。弥补了以往研究中的不足。

（2）从专利数量和专利质量的角度，丰富了专利对企业绩效影响的研究。现有从专利视角考察企业创新与企业绩效关系的研究中，主要从专利数量层面考察专利与企业绩效之间的关系，而对专利质量与企业绩效关系的研究较少。本书以创业板上市公司为研究对象，采用多元回归和比较分析的方法，选取专利数量和专利质量相关指标，研究了专利数量和专利质量对企业绩效的影响。以弥补目前从专利视角研究创新绩效对企业绩效影响研究存在缺陷的问题。

（3）从不同行业专利差异的角度，考察专利数量和专利质量对企业绩效影响的行业差异。目前关于专利与企业绩效关系的研究中，大多不进行行业区分，而是以全行业或仅以单独某个行业为目标样本进行研究。创新要素对不同行业企业绩效的提升存在明显差异，以全行业或单独行业为研究对象时难以揭示行业间专利数量和专利质量的差异以及由此造成的专利数量和专利质量对企业绩效影响的差异，相对缺乏代表性。本书研究中意识到这一点，选取创业板上市公司为研究样本，采用聚类分析的方法对行业进行分类，探讨不同行业企业绩效对专利因素的依赖程度的差异，运用 Heckman 二阶段模型分析专利数量和专利质量对不同行业企业绩效的影响，以及不同行业专利数量和专利质量对企业绩效影响的差异。以弥补现有研究的不足。

（4）探讨了创新投入—创新绩效—企业绩效的传导机制。目前关于创新投入、创新绩效和企业绩效的研究中，大多集中在政府补贴、企业研发投入、创新绩效和企业绩效等两两关系的探索，而针对政府补贴和企业研发投入对企业绩效的影响以及在此过程中创新绩效作用的研究较少。本书以创业板上市公司为样本，研究了政府研发资助、企业研发投入对企业绩效的影响以及在此过程中，以专利数量为替代变量的创新绩效的中介作用和创新能力的调节作用机制。创新绩效的中介机制可以帮助我们更好地理解创新投入与企业绩效之间的因果关系的内部作用机制，创新能力的调节机制可以帮助我们认识创新成果转化行为对企业绩效影响的边界条件，使本书的理论贡献更为充实。

第 2 章

文献综述与
理论回顾

本章分别对创新投入、创新绩效与企业绩效的相关概念、文献和理论进行梳理。从创新投入的两个维度——政府研发资助企业研发投入、创新绩效（专利数量和专利质量）以及企业绩效的概念、影响因素和影响效果展开研究，最后对该领域的研究现状进行总结并对未来研究方向进行简要评述。

2.1　核心概念界定

如何提高企业的创新水平和绩效水平，一直以来都是企业管理实务和企业管理理论研究的核心问题。在当今竞争日益激烈的全球化经济中，创新被认为是企业寻求发展的必经之路。而企业创新的目的是通过创新提升经济效益。因此，对创新投入、创新绩效和企业绩效之间的相互影响关系的研究成为目前管理实践和管理理论研究的热点问题。在解决这个问题之前，首先对相关概念进行界定。本节总结了与创新投入、创新绩效和企业绩效相关的定义和测量方式，并结合本研究的内容和研究框架确定在本研究中各变量的概念和测量方法。

2.1.1　创新投入

2.1.1.1　创新投入的概念

在定义创新投入的概念之前，有必要首先厘清创新的内涵。在不同的学科领域中，对创新有不同的概念界定。创新从词义上看，在《辞海》中对创新的描述为"抛开旧的，创造新的"。即创新是一种新思维、新发现或改变现有事物。从哲学的角度，有关创新的思想可追溯到1605年，英国唯物主义哲学家、实验科学的创始人弗朗西斯·培根（Francis Bacon）提出"知识就是力量"的著名格言。并在《新大西岛》一书中阐述了人、知识和自然的互动过程，即人通过了解并运用知识改变自然。英国思想家亚当·斯密（Adam Smith）在《道德情操论》一书中表示，人具有发明创造的爱好，并为改善自身的生存状况而促进经济、政治、科技和文化等各领域的进步。在此之前，创新包含于哲学、社会学及其他学科之中。从管理学的角度，邓小平同志于1988年会见捷克斯洛伐克总理时提出"科学技术是第一生产力"的论断。其中包含三个方面的内容：一是科学技术对经济发展起到首要的变革性作用；二是科学技术在生产力各要素中起第一位的作用；三是现代科学使管理日益科学化和现代化。从经济学的角度，奥地利经济学家约瑟夫·熊彼特（Joseph Alois Schumpeter）于20世纪30年代末提出技术创新理论，并认为技术创新是指把现成的技术革命引入经济组织，从而产生一种从来没有过的关于生产要素和生产条件的新组合，并由此形成新的经济能力（Joseph A Schumpeter，1942；Joseph Alois Schumpeter，1939，1934）。该理论提出后并未受到过多的关注，随着社会的进一步发展，人们逐渐认识到技术创新在改变人们生活，促进社会进步的过程中发挥着越来越重要的作用。尤其是近年来关于技术创新的理论和实践，引起了国内外业界和学术界的高度关注。而创新投入是指和企业创新有关的投入。创新投入是企业对未来成长的投资，是衡量企业创新强度或创新意志力的外在表现形式（Ettlie，1998）。

2.1.1.2　创新投入的测量

在对企业创新投入进行测量时，学者们从不同的角度，由于其研究目的的不同其测量方式也各有不同。就目前的文献来看，关于创新投入的测量分为三种类别：一是按照资金的不同来源进行分类。如张治河等人将创新投入来源分为政府补贴资金、企业投入资助和金融机构贷款三类（张治河，许珂，2015）。马文聪等人则将创新投入的来源分为政府的直接补贴资助、直接税收优惠和间接税收优惠三种类型（马文聪，李小转，2017）。二是按照计算方式，可分为绝对资金投入和相对资金投入。如朱沆、许春等将企业研发投入与销售收入之比来度量企业的创新投入水平（许春，2016；朱沆，Kushins，2016）。刘放等人则以企业的研发投入资金数量作为企业创新投入替代变量（刘放，杨筝，2016）。三是按照投入内容来分类，可以将创新投入分为人力投入、财务投入和物品投入。如卢方元和李小鸽将企业研发经费投入、研发人员投入和微电子控制的生产设备投入等作为企业创新投入的衡量指标（卢方元，李小鸽，2014）。

以上根据创新投入的不同视角对创新投入进行测量，包含了常见的创新投入的测量方法。此外，需要指出的是，学者们在根据自身研究对象、研究目的的不同，其对创新投入的测量方法也有所差异。因此，对创新投入的测量关键是根据研究内容和理论框架来选择恰当的测量方法和测量指标。

2.1.1.3　本书对创新投入的测量

本书以"国家创新驱动发展战略"为研究背景，主要探讨企业的创新投入、创新绩效与企业绩效之间的互动关系。企业创新投入的主要资金来源为政府研发资助和企业研发投入（郭迎锋，顾炜宇，2016；李平，刘利利，2017），因此，本研究所述的创新投入主要包括两个部分：政府对企业的研发资助资金和企业自身的研发投入资金。

（1）政府研发资助：政府研发资助包括直接资金投入和间接资助（利息、补贴和税收返还）。以往文献表明，政府研发资助对企业创新绩效的影响效果明显，政府直接资助可以通过查阅企业的财务报表直接获得，而政府间接资助的数据较难获取。因此，本研究所述的政府研发资助是指政府对企业的直接研发资助。

（2）企业研发投入：企业研发投入包括资金投入和研发人员投入（钟祖昌，2013）。研发投入分为研究费用和开发费用两个部分，在财务核算时，研究费用作为费用计入当期损益，而开发费用则作为资产成本计入资产价值。研究费用主要用于研发人员的工资和其他当期损益，而开发费用一般作为产品开发。虽然在财务核算时，企业将研发费用区分为研究费用和开发费用，但是在财务报表的列示中一般将研究费用和开发费用合并为"研发支出总额"进行列示，所以本研究所述研发投入指企业内部直接用于研究与产品开发的资金数量。

2.1.2　创新绩效

2.1.2.1　创新绩效的概念

在定义创新绩效的概念之前，首先应厘清什么是绩效。绩效也称作业绩或效绩，英文表达为Performance。总的来讲，绩效反映了企业在一定时期内的经营成果。企业绩效管理不仅是企业战略管理的核心问题，也是企业战略管理理论的出发点。但是，绩效是一个较为复杂的概念，目前学界对此并未达成统一认识（Kirby，2005）。就当前对绩效概念的界定来看，主要分为结果、行为和能力等几种视角（Bernardin，Beatty，1984）。从结果视角来定义绩效是较为常见的定义方式，但是存在难以量化的弊端，可以通过行为和能力视角对其补充。绩效作为一种组织经营结果，还没有形成统一的定义，只能首先根据理论模型来建构，然后通过测量工具来反映其结构特征。因此，绩效概念的界定需要依据实际研究内容中的因果关系来确定。创新绩效是指，与创新有关的绩效。用来评价组织创新活动的最终效果和效率，是组织绩效的一种表现形式（高辉，2017）。由于绩效概念的不统一以及创新模式的多样性，使得创新绩效的界定的多样化。Drucker认为，创新绩效是企业对技术创新的综合性评价（Drucker，1993）。Linton则将创新绩效分为技术创新绩效和社会创新绩效两个维度。其中，技术创新绩效是指对工艺过程或产品的改变，而社会创新绩效则是指引入新的社会系统（Linton，2009）。Meeus和Oerlemans将创新绩效分为产品创新和过程创新（Meeus，Oerlemans，2000）。Alegre和Chiva将创新绩效定义为企业对创新系统投入一定的生产要素后所取得的效率和效果的提升（Alegre，Chiva，2013）。

综上，就目前研究现状来看，关于企业创新绩效的概念并不统一。基于现有研究，本研究将创新作为一个过程，而将创新绩效作为由于这个过程而获得的创新产出。企业创新的其最终目的是获取创新产出，并通过创新产出的引入来影响企业利润的增长。基于此，本研究将创新绩效定义为企业进行技术创新和研发活动所取得的成果。

2.1.2.2 创新绩效的测量

就目前文献来看，由于其研究目的的差异，测量方法大致可以分为以下三种类别：

（1）按照数据的获取方式，创新绩效的测量可以分为主观测量法和客观测量法。主观测量法是通过调查问卷询问被调查人对创新绩效主观感受而获取数据的方法。客观测量法是指利用二手数据进程测量，通常包括上市公司财务报表、第三方数据库如Wind数据库、国泰安数据库、国家知识产权局数据库、世界银行等机构披露的数据。两种方法各有利弊。主观测量可能受问卷设置和被调查者认知偏差的影响，但其好处在于可以有效控制操作化定义进行创新概念的设定（Gilovich，Griffin，2004；Richard，Devinney，2009）。而客观数据可以避免主观认知偏差，但是数据结构固定，难以根据研究目的的不同获取如实的表示构念。因此，在选择测量方法时需要根据研究内容和研究目的而确定。

（2）根据测量指标的选取方式，可以分为财务指标测量法和非财务指标测量法。财务指标法一般是指由创新活动所产生的财务表现，如资产收益率、净资产收益率、营业收入、企业利润等来度量（Y. Chen，Wang，2015）。非财务指标则一般是通过新产品数量、新产品销售额、新产品开发成功率等进行测量（Khalili，Nejadhussein，2013）。在利用财务指标衡量创新绩效时，容易与企业绩效相混淆。而非财务绩效法弥补了这一缺点，但是非财务指标一般通过主观评判进行测量，容易受主观感知的影响。因此，二者各有利弊，选择何种测量方式，需根据研究目的和研究条件而具体确定。

（3）按照测量内容，创新绩效的测量可分为专利法、产品法和过程绩效法。通过专利来测量创新绩效一般是以企业在特定时间或时间段获取的专利数量来衡量。其中包括专利申请量、有效专利数量、授权专利数量以及专利引用量等（Yayavaram，Chen，2015）。企业以专利作为创新绩效的衡量指标的好处在于，专利指标较为客观，不易受主观因素影响，数据相对较容易获取。新产品法一般包括两类，一类是新产品的财务绩效，如新产品销售收入、利润增长等；另一类是指新产品开发绩效，包括新产品引入速度、新产品引入成功率等。

2.1.2.3　本研究对创新绩效的测量

专利代表了知识产权，是主要的技术信息源（陈恒，侯建，2016），包含了90%～95%的世界科技技术信息，专利是衡量企业创新活动产出的常用指标（刘督，万迪昉，2016）。各企业专利数据相对较容易获得，能够较为客观地体现企业的创新活动。因此，本研究结合上文中创新绩效测量方法一和测量方法三，采用专利作为创新绩效的衡量指标。本研究所述创新绩效主要包括专利数量和专利质量两个部分：

（1）专利数量。Ernst的专利组合理论运用专利活动与专利质量作为企业专利评价指标。以专利申请量作为企业专利组合中专利活动指标，认为专利申请量多的企业更富有创新性和开拓性，其企业价值也更高（Ernst，2001；Ernst，Omland，2011）。专利申请量不仅反映了企业专利数量的多少，同时还反映了企业创新的活跃程度，公司年专利申请量越多，则表明该企业的创新活动越强（Ernst，1998，2001）。刘小青和陈向东通过对中国电子信息百强企业的实证研究表明，企业专利活动越活跃的公司其企业绩效越好（刘小青，陈向东，2010）。Liu和Chen等以1999~2007年的中国IT排名前100企业为样本，其研究结果表明专利的申请量能够有效促进企业的营业收入（X. Q. Liu，Chen，2010）。发明专利申请量（Papl）是公司在一个会计期间所提交给专利审查部门的发明专利数量。因此，本研究借鉴以往研究将发明专利申请量作为企业专利数量指标。

（2）专利质量。

①专利质量与专利价值的区别。在对专利进行研究的过程中，专利质量和专利价值是一对非常相似的概念。为更好地界定专利质量的内涵，首先必须对专利质量与专利价值的区别和联系进行梳理。关于专利质量与专利价值的概念，部分学者将二者等同，如Pakes（Pakes，Schankerman，1987）、Burke（Burke，Reitzig，2007）、薛明皋（薛明皋，刘璘琳，2013）、宋爽（宋爽，陈向东，2016）、Schankerman（Schankerman，Pakes，1986）等。大部分学者认为，两者是两个性质不同的概念。朱雪忠和万小丽认为专利质量与专利价值各有所属，专利价值能否反映专利质量，在一定程度上取决于专利使用者的经济技术实力和市场环境（朱雪忠，万小丽，2009）。李仲飞和杨亭亭的研究则侧重从技术层面探讨专利质量，而从专利在实践过程中所体现的经济价值来研究专利质量（李仲飞，杨亭亭，2015）。谷丽等认为，专利质量与专利价值存在一定程度额差异，专利质量主要强调专利本身的客观性，即专利的创造性和新颖性；而专利价值则强调专利的实用性（谷丽，郝涛，2017）。

基于以上文献的梳理，本研究认为专利质量与专利价值之间存在一定程度的区别，不能将两者等同。其区别主要体现在以下两个方面：第一，主客观性的不同：专利质量高低取决于同一技术领域专利技术的先进性和重要性，主要体现专利的创造性和新颖性，判断结果较为客观。专利价值则强调专利对其所拥有者的有用性，同一件专利的拥有对象不同，因其主体以自身利益和实施能力的不同，其所体现的价值有较大差异，评价结果具有很大的主观性。第二，价值体现过程：专利质量所体现的是专利所解决的现实的技术问题，无论其实施与否都不影响其是否能解决现实技术问题的客观事实；而专利价值则是通过实施后所体现的经济效益。有些专利提供的理论和方法，由于当前拥有主体的技术或环境限制而无法很快实施，其价值就难以很快体现。基于上述对专利质量和专利价值的分析，本研究从专利质量的角度对专利进行评价，探索专利质量和企业绩效的联系。

②专利质量的含义。对专利质量的界定直接影响专利质量指标的评价和指标的选取。但是，由于目前对专利质量概念的界定尚未达成共识。因此，学者们在对专利质量进行评价时所选标准也各有不同。刘玉琴和汪雪峰等将专利质量评价分为两个部分，一个是专利的价格或专利的经济价值，另一个则是专利的技术评价（刘玉琴，汪雪锋，2007）。而朱清平则从专利产生的视角，将专利质量评价分为两个方面：专利的创造性质量；专利授权审查制度（朱清平，2002）。朱雪忠和万小丽的研究认为，专利质量分为基于审查者的专利质量和基于使用者的专利质量（朱雪忠，万小丽，2009）。审查者在对专利质量进行评价时，对发明专利和实用新型专利来说一般从该项技术是否符合专利的一般特性，即专利的创造性、新颖性和实用性。专利的使用者一般包括国家、企业和个人，而专利的使用者在对专利质量进行评价时需要考虑专利能否给自己带来经济利益。因此，专利的使用者在对专利质量进行评价时一般都需要考虑专利在法律上的稳定性、技术上的创造性和经济上可以为使用者带来经济效益等方面。基于以上分析，以下从审查者的角度和使用者的角度对专利质量进行分析。

A.基于审查者的专利质量包括以下三个方面：

a.专利申请文件的质量。专利是企业技术创新成果的最佳体现形式之一，与企业的创新与研发活动密切相关。谷丽等人的研究表明，专利申请质量不仅在技术创新中起着至关重要的作用，而且对保障专利制度高效运行也具有十分重要的意义（谷丽，阎慰椿，2018）。企业通过创新获取新技术、新工艺流程或新方法。但是，一项好的技术、方法或工艺流程并不一定必然意味着能够获得专利授权。该项技术、方法或工艺流程的发明人或发明单位能否获得充分的有效法律保护，与专利申请文件的质量密切相关。从专利审查员的角度看，专利质量主要指专利申请文件的质量。Wagner的研究表明，专利申请文件的质量是指专利申请书与法定授权要求的一致性（Wagner，2009）。因此，有了好的技术、方法或工艺流程要获得专利权，不仅该项技术需具有较高的可专利性，还需要高质量的专利申请文件。

b.授权专利的质量。一个企业要获得一项技术的发明专利，一般需要通过专利申请书的撰写并将专利申请书提交专利审查机构、初审、公布、实质审查和授权等几个环节。如果不能通过审查，则驳回专利申请，即不是所有申请的专利都能最终被授权。发明专利是在三类专利（发明专利、实用新型专利、外观设计专利）中技术含量最高、价值最大且保护期限最长的专利，其质量也相应最高（李仲飞，杨亭亭，2015）。宋河发等人认为，发明专利授权条件满足程度越高，则相应该企业整体专利质量越高，即授权专利数量占总申请专利数量的比例越高，该企业的整体专利的平均水平越高（宋河发，穆荣平，2014）。可以预期，专利授权率反映了一个企业专利的平均水平，专利授权率越高，对企业绩效的影响应该越大。

c.专利审查的质量。Burke和Reitzig认为，专利审查的质量是指专利局根据专利授权的技术条件对专利做出的一致性分类（Burke，Reitzig，2007）。专利局是专利的审查机构，专利局的主要作用是根据专利的创造性和新颖性，给那些符合技术条件的专利授权以保证专利审查结果的一致性（Burke，Reitzig，2007）。近年来，我国专利申请数量大幅度增加，且遥遥领先世界各国。为缓解越来越严峻的专利审查压力，各主要专利局对专利审查系统进行了改革。文家春对专利审查质量、专利审查周期和相关费用等因素与技术创新的关系进行研究，其研究结果表明，专利审查的错误率高、审查周期过长和专利审查费用标准过低都会阻碍技术创新（文家春，2012）。因此，在保持专利审查系统内部稳定性的基础上，改善专利审查行为与技术创新间的循环回路是缓解专利审查压力，提升专利审查质量和技术创新的必要手段。

B.基于使用者的专利质量。

a.技术层面的专利质量。从技术层面来看，专利质量指该项专利技术是否具有新颖性、创造性和实用性。其中，创造性决定着专利的技术质量，即在技术层面，一项专利的创造性程度越高，其相应的质量也高（朱雪忠，2013）。宋河发等认为专利的技术质量包括申请技术的质量、申请文件的质量和审查质量（宋河发，穆荣平，2010）。Allison和Hunter认为，判断一件专利质量的高低主要关注该件专利的高技术性、核心性和关键性，即评价一项专利是否具备较高的质量，关键在于该项专利在当前已有的技术基础上是否取得了本质上的创新（Allison，Hunter，2005）。谷丽认为专利质量与专利的技术质量高度相关，只有在技术上达到一定阈值的专利才是高质量的专利（谷丽，阎慰椿，2015）。

b.法律层面的专利质量。专利是法律的产物，必须符合法律规定的条件。

由于客观条件的限制，专利在审查过程中，其法律效力很大程度上受审查员主观因素的影响（朱雪忠，万小丽，2009）。按照专利法的规定，专利只有符合一定的特性（如新颖性、创造性、实用性），同时专利说明书符合充分公开的要求时才能被授权。因此，专利的法律质量带有一定程度的主观性。宋河发等人认为，专利的法律质量也可称为专利的主观质量（宋河发，穆荣平，2010）。Graf等人认为具有法律质量的专利应满足新颖性、实用性、恰当的文字描述、可实现性以及充足的信息披露（Graf，2007）。Wagner则认为专利法律质量的评定应满足专利的新颖性、非显而易见性和清晰充分的信息披露（Wagner，2009）。

c. 经济层面的专利质量。企业最关心的是该项专利能否为企业带来经济效益。European从专利的可商业化程度来衡量专利质量的高低，他认为，高质量的专利要具有最终能商业化或转化为促进社会、环境进步的合理前景（Prud'Homme，2012）。Hall和Harhoff认为，该项专利是否值得拥有，要看该项专利是否能够为企业带来商业利益（Bronwyn H Hall，Harhoff，2004）。宋河发等人则认为，专利的经济质量是专利的创作质量、撰写质量和审查质量等的综合反映，一个国家或地区拥有较高专利经济质量的前提是要有一批有效的专利（宋河发，穆荣平，2014）。朱雪忠认为，从经济层面衡量专利质量，不能仅仅依据其是否商业化为衡量标准，对于有些战略性专利，尽管没有商业化，但是其潜在经济价值甚至更大（朱雪忠，2013）。因此，仅从专利的经济效益方面来衡量专利质量的高低，具有明显的局限性。

本研究以企业为研究对象，而企业是专利的使用者。通过对已有有关专利质量评价的文献进行归纳和总结，本研究在对专利质量进行评价时，主要从使用者的层面，同时兼顾审查者角度中专利申请文件的质量和授权专利的质量对专利质量进行评价。而使用者层面的专利质量的内涵分为专利的技术性、法定性和商业性三个方面。其中，技术层面的专利质量主要从专利的技术创造水平对专利进行分析；法律层面的质量主要从专利的授权状况和法定效力的稳定性对专利进行分析；而专利的商业质量主要从专利的维持状况和经济效益的视角对专利进行分析。专利的技术性、法定性和经济性三个方面相辅相成，互相补充，能够从不同的角度更全面地对专利质量进行评价。本研究的研究目标之一在于考察专利质量对企业绩效的影响，因此，在进行专利质量指标选取时，主要从以上几个方面进筛选。

C.专利质量的评价指标

在研究专利质量对企业绩效是否具有显著影响前，首先需要筛选专利质量指标。由于目前学界对专利质量的内涵的界定没有达成共识，所以学者们在选择专利质量指标时其标准也各有差异。该指标是在前文对专利质量内涵综述的基础上，主要从专利的使用者角度，即专利的技术质量、法律质量和经济质量三个层面，对已有关于专利质量指标进行梳理，并对不同专利质量指标进行评价。需要指出的是，无论是基于审查者的专利质量，还是基于使用者的专利质量，都需要区分单个专利质量指标和机构专利质量指标。部分专利质量指标只适用于评价单个专利质量，部分专利质量指标只适合评价机构专利质量，而部分专利质量指标既可以用来评价单个专利质量又可以用来评价机构专利质量。表2-1从使用者的角度筛选出部分学者较为常用的对单个专利质量和机构专利质量的评价指标。

表 2-1　专利质量指标

	指标	指标解释	文献来源	单件	机构
技术质量	被引用次数	专利被后续专利引用的次数	Trajtenberg，1990	√	
	引文数量	专利所引用科学文献数量	Carpenter，Cooper，1980	√	
	即时影响指数	企业前5年授权专利当年被引次数除以所有企业该值的平均数	Narin，Carpenter，2017		√
	发明专利占比	发明专利在三类专利中的占比	万小丽，2009		√
	科学关联度	专利引用科技文献的平均数量	Albert，Avery，2004	√	√
	技术生命周期	该专利引用专利中值的年龄	Hirschey，Richardson，2001	√	
	累积引证	观测专利被引次数的累积值	Atallah，Rodríguez，2006	√	√
	发明人数量	专利的发明人数量	张杰，孙超，2018	√	√
	发明人平均数	发明人总数/专利总数			√

续表

	指标	指标解释	文献来源	单件	机构
法律质量	有效发明占比	发明专利中有效专利所占的比例	胡谍，王元地，2015		√
	发明专利授权率	当年发明专利授权数量与申请数量之比	Griliches，1990		√
	专利族大小	同一专利在不同国家或地区获得的专利或提交的申请书平均数	Dernis，Khan，2004	√	
	平均专利族大小	专利总数 / 专利数			√
	权利要求数量	专利说明书中权利要求数量	Schettino，Sterlacchini，2013		√
	权利要求平均数	专利说明书中权利要求总数除以专利数			√
	IPC 数量	专利 IPC 分类数量	Lerner，1994	√	
	IPC 分类平均数	专利 IPC 分类总数除以专利数量			√
	专利审查时间	发明专利从申请到授权的时间间隔	Brockhoff，1991	√	
	专利平均审查时间	审查时间之和 / 专利数量			√
经济质量	发明专利寿命	截止到统计日发明专利的寿命	Sapsalis，Ran，2006	√	
	发明授权平均寿命	截止到统计日发明专利的寿命之和与发明专利数量之比			√
	说明书附图平均数	专利说明书附图总和除以专利总量	Schettino，Sterlacchini，2013		√
	说明书附图数量	单项专利说明书附图数量		√	
	五年以上专利维持率	授权到统计截止日维持五年及以上的专利比例	宋河发，穆荣平，2014		√
	专利许可平均收益	专利许可收益总和与许可专利数量之比	宋河发，穆荣平，2014		√
	专利技术转化能力	专利技术的市场和产业化能力	谷丽，郝涛，2017	√	√
	实施专利占比	企业实施专利占申请专利比例	宋河发，穆荣平，2010		√

注 "√"表示该单元格对应的专利质量评价指标适应于该单元格所对应的分析对象。

表2-1从专利使用者的角度列出了学者们较为常用的专利质量指标。通过对以往有关专利质量评价指标的研究文献的归纳和总结，可以看出，从专利的技术、法律和经济性等几个角度对专利质量评价指标进行分类，能够从不同的角度对专利质量进行较为全面的评价。需要指出的是，一方面，由于专利引用量受时间的约束性较强，无法预测后期专利的引用状况，因此专利的直接引用量很难客观可靠地用来评价专利质量；另一方面，由于我国目前没有较为权威的专利引用评价机构，专利引用相关指标无法准确获取，专利引用指标难以在以我国企业为研究对象时使用。因此，无论在评价单件专利质量还是评价机构专利质量时，在以我国为背景进行研究时，专利引用指标都无法使用。此外，在对专利质量进行评价时，应考虑专利质量评价对象，即是单件专利质量还是机构专利质量，然后根据需要选择合适的专利质量评价指标。

2.1.3　企业绩效

本书的研究目的之一是考察创新投入及创新绩效对企业经营状况的影响，因此，本研究所述的企业绩效采用反映企业经营活动相关的财务绩效指标。企业绩效在财务上是指，企业在一定会计期间的经营成果。企业绩效水平主要表现在企业该会计期间内的盈利能力、资产运营状况、偿债能力以及后续的发展能力等方面。企业的运营能力主要通过企业的经营者在对企业进行运营管理的过程中，对企业的经营、成长和发展所取得的各项成果来体现。目前，评价企业绩效的指标较多。本研究所研究的企业绩效主要为企业的财务绩效，一些学者采用企业的经营能力来衡量企业的财务绩效。如Chae、胡明霞等人以企业一个会计期间的营运利润、利润率作为企业绩效的衡量指标（Chae，Koh，2014；胡明霞，2015），如Lahiri采用企业在一个会计期间的净利润来衡量企业绩效（Lahiri，Narayanan，2013）；Mann、Lee、Mollick等人则采用企业在一个会计期间的营业收入来衡量企业绩效（B Lee，Cho，2015；Mann，Sager，2007；Mollick，2012）。另一些学者则采用企业在一个会计期间的资本回报能力来衡量企业的财务绩效，如王春豪、戴小勇、于洪彦等用总资产回报率和净资产回报率来衡量企业绩效（戴小勇，成力为，2014；王春豪，张杰，2017；于洪彦，黄晓治，2015）。本研究借鉴以往研究采用营业利润和资产回报率来衡量企业绩效。

2.1.4　吸收能力与创新能力

2.1.4.1　吸收能力的概念

Cohen 和 Levinthal 最早将吸收能力运用于管理学领域，并分析了企业和个人吸收能力对组织创新和个人学习效果的影响，并将吸收能力定义为企业识别、消化和应用知识的能力（Cohen，Levinthal，1990）。吸收能力的概念自诞生至今已二十多年，学者们认识到吸收能力在组织管理中所发挥的重要作用，但是对吸收能力定义的理解各有不同。吸收能力的一些具有代表性的概念如下：

Mowery 和 Oxley 将吸收能力表述为企业处理外部引进的知识中隐性成分知识，并对这些知识进行识别整合的能力（Mowery，Oxley，1998）。Kim 认为吸收能力是组织学习能力和解决问题的能力，并将吸收能力分为已有知识基础与学习努力程度两个维度（Kim，1998）。Lane 和 Lubatkin 第一个在 Cohen 和 Levinthal 对吸收能力研究的基础上，对吸收能力进行重新诠释的学者，并对吸收能力进行了定义（Lane，Lubatkin，1998）。Van 等进一步拓展了对吸收能力的研究，他们认为，在企业知识基础一定的前提下，组织结构和组织整合能力都对企业吸收能力产生重要影响，吸收能力存在着吸收能力—学习能力—新吸收能力的互动机制，并认为吸收能力是企业内外部环境之间协调演化的结果（Van Den Bosch，Volberda，1999）。Zahra 和 George 在以往研究的基础上，从过程的视角，将吸收能力分为现实的吸收能力和潜在的吸收能力，并将吸收能力完善为四维模型，指出吸收能力是企业获取、吸收、转化和利用各种知识的一系列组织惯性和过程（Zahra，George，2002）。

上述分析表明，已有研究对吸收能力的概念界定和维度划分都存在一定程度的差异。但 Cohen 和 Levinthal 之后对吸收能力的研究都包含了吸收能力的核心要素。本研究综合以上学者对吸收能力的界定并根据本研究的目的和意义，将吸收能力界定为企业判断和识别外部知识，并对其进行获取、消化整合组织内部结构和资源对其进行应用以产生创新成果的能力。

2.1.4.2　吸收能力的测量

虽然吸收能力的概念源自 Cohen 和 Levinthal，而学术界对吸收能力的重视则是从 Zahra 和 George 对吸收能力进行详细的维度划分开始。他们将吸收能力理解为企业动态的能力，这种划分使吸收能力的作用更容易理解，并为吸收能力的测量提供了理论依据。尽管目前学者对吸收能力进行了较为广泛的理论和实证研究，但是由于吸收能力的抽象性特征，使其非常难以进行量化测量。这也是目前对吸收能力的研究文献中，存在不同吸收能力测量方式的原因所在。Cohen和Levinthal认为企业的研发能力具有两个基本功能，一是产生新知识；二是形成企业的吸收能力。因此，从这个角度来讲，吸收能力可以采用企业的研发强度来测量。此后许多学者采用这一方法，采用企业的研发投入的绝对量或相对量（研发强度）来测量吸收能力。Zahra和George对吸收能力进行详细的维度划分，将企业的吸收能力从单一维度划分为多个维度，这使得采用研发投入或研发强度的单一维度测量方式很难测量多维度吸收能力。而研发投入也并非吸收能力的唯一来源，员工作为知识的载体、传播者和使用者，其对吸收能力也具有显著的贡献。因此，不少学者将高素质的员工作为吸收能力的测量指标。此外，在Zahra和George之后的一些学者的研究中，将吸收能力从单一维度发展为多个维度。因此，单一维度测量吸收能力是否能够客观评价这一指标也是一个值得探讨的问题。基于此，部分学者使用问卷量表的形式对吸收能力进行量化测量。使用问卷的形式测量吸收能力可以根据研究的需要，对吸收能力进行多维度测量，但是问题在于量表测量无法追踪连续多年的资料。

　　目前对吸收能力的测量，并没有形成统一的测量方法。学者们根据其研究内容和研究目的的不同，对吸收能力的测量主要存在两种方式：一是采用客观数据进行测量，如研发投入、研发强度、研发人员数量、研发人员占比、接受高等教育人数、接受高等教育人数占比、工程师人数、工程师人数占比等客观数据。二是采用主观数据进行测量，这种测量方式主要采用李克特五点或七点量表进行测量。表2-2按照测量方式和时间顺序总结了一些经典文献中对吸收能力的测量方式。

表2-2　吸收能力的测量方式

	文献来源	研究主题	吸收能力的测量	结论
客观方式测量	Grimpe, Sofka, 2009	欧洲低技术和高技术部门的搜索模式和吸收能力	R&D 费用和接受高等教育的人数	在低技术部门吸收能力与市场搜索能力，高技术部门与技术搜索能力相结合将促进企业创新
	吴晓波，陈颖，2010	吸收能力对企业研发模式的影响	高级工程师人数在员工人数中所占比例	吸收能力影响企业知识内化战略
	Kostopoulos, Papalexandris, 2011	吸收能力、创新与财务绩效	R&D 费用、学士学位人数、是否研发和是否提供培训	吸收能力直接影响外部知识流入和财务绩效，间接影响企业创新和财务绩效
	Filippetti, Frenz, 2017	吸收能力国际化对创新的影响中的作用	研发投入、因特网使用人数和接受高等教育人员数量	吸收能力在国际为对创新影响过程中起调节作用
	Gkypali, Arvanitis, 2018	吸收能力、出口活动、创新开放与创新绩效的关系	研发存量和员工中接受高等教育员工占比	吸收能力除直接促进创新外在过滤和整合 R&D 合作外部知识刺激方面起着关键的作用
	R, R, 2018	吸收能力与创新回报的关系	研发投入占企业当年销售收入的比	吸收能力正向影响合作创新回报率
主管方式测量	Gutiérrez, Bustinza, 2012	6sigma 团队和过程管理对吸收能力的影响	采用 7 点李克特量表对吸收能力进行测量	6sigma 团队和过程管理对吸收能力有显著正向影响
	H. Liu, Ke, 2013	吸收能力在信息技术能力与企业绩效间的关系	5 点李克特量表测量吸收能力	吸收能力在企业信息技术能力与企业绩效间起中介作用
	Rahomee, Aljanabi, 2014	吸收能力在组织支持和技术创新中的作用	5 点李克特量表测量吸收能力的不同维度	吸收能力在组织支持和技术创新中起中介作用
	Lau, Lo, 2015	区域创新系统、吸收能力与创新绩效的关系	5 点李克特量表测量吸收能力的不同维度	不同区域创新类型导致吸收能力不同维度对创新绩效的影响
	Ali, Park, 2016	创新文化、吸收能力与技术创新和非技术创新间的关系	5 点李克特量表测量吸收能力的不同维度	吸收能力通过创新文化影响企业技术创新

2.1.4.3 创新能力的概念

企业的创新能力是企业本身科学技术发展水平的体现（Wuryaningrat，2013），是不同生产要素间配合协调的能力，创新能力同时也是创新实践的综合能力（房宏琳，2015）。提高企业创新能力有助于增加企业的经济效益、实现企业跨越式发展并在市场竞争中取得优势地位（C H Wang，Chin，2010）。学者们认识到创新能力在组织管理中所发挥的重要作用，但是，在以往的研究中，对创新能力的理解，由于研究出发点和目的的差异，不同学者对创新能力概念的界定也有所差异。目前，创新能力的一些具有代表性的概念如下：

Betz认为，企业的创新能力与创新战略具有密切的关系，并强调企业的技术创新能力对企业的创新战略具有支撑和指导作用（Betz，1987）。Coombs认为企业组织结构是创新能力的重要潜在投入要素，并指出在企业创新和产品开发的过程中，连接不同职能部门的组织因素发挥着至关重要的作用，即组织柔性和灵活性有助于促进企业绩效的提升增加核心竞争优势（Coombs，1996）。傅家骥在以往的研究基础上，给出了创新能力更为宽泛的定义，他指出创新能力不是单一的技术能力，而是企业作用在企业整个经营过程中的一种综合技术发展能力（傅家骥，1998）。Larry和Arcelus认为，企业创新能力是企业组织、适应及技术与信息获取等一系列综合能力（Nasierowski，Arcelus，2003）。许庆瑞则认为，企业的创新能力是企业产生新思想新概念并利用它进行研发营销和商业化或以实现企业经营绩效的综合能力（许庆瑞，2007）。Desarbo、Ngo等人认为创新能力是组织吸收外部知识、对内部知识进行重新组合或发现知识的新用途，从而产生并创造市场价值所需的一系列战略、组织、方法、技术和市场等的综合能力（Desarbo，Benedetto，2010；Ngo，O'Cass，2012）。张馨将企业的创新能力表述为企业把新思想、新方法和新的组织形式引入企业管理中并利用它形成创新效果的能力（张馨，2016）。

上述有关创新能力的概念表明，目前虽然对创新能力概念的界定由于研究目的的不同，存在一定程度的差异，但是对创新能力的研究都包含了其核心要素，即企业对资源的整合能力。本研究借鉴以往研究将企业创新能力定义为企业通过协调公司行为、流程和战略意图等之间的关系，利用企业创新资源开发新产品或开拓新市场并将企业现有创新成果进行商业化以产生财务绩效的能力。

2.1.4.4 创新能力的测量

上文分析表明，创新能力的概念至今仍没有形成统一认识，即不同学者根据自身研究目的和研究对象的不同，其对创新能力的理解也各有差异。而对创新能力概念理解的差异，造成不同学者对创新能力测量的差异。Coombs将企业组织结构作为创新能力的表现形式，并认为创新能力是组织调整其结构协调组织各种资源的能力（Coombs，1996）。而组织的协调能力属于主观判断，很难进行量化，因此可以采用问卷或访谈的方式对创新能力进行测量。傅家骥较为系统地研究了组织的创新能力，将组织的创新能力细化为企业获取商业利益为动机（傅家骥，1998）。该概念较为形象，为企业创新能力的测量提供了理论指导。如可以通过主观方式测量企业抓住商业利益的能力、抓住市场潜在盈利机遇的能力，而用客观数据测量企业推出新产品、新工艺或新方法、开发新市场的能力。房宏琳将企业的创新能力分为研发能力、生产制造能力、市场营销能力、创新资源管理能力和创新组织管理能力等维度（房宏琳，2015），为创新能力的量化测量提供了参考依据。

就目前的研究文献来看，创新能力的量化测量并不统一。不同学者根据其研究目的和研究对象的不同，对创新能力概念的理解也各有差异，从而导致对创新能力测量方式的偏差。但从目前关于创新能力的研究文献的总体而言，对创新能力的测量主要分为两种类型：一是采用公司客观数据进行测量，如高素质员工占总员工的比例、员工的平均培训费用、新产品的销售额、授权专利存量、研发资本存量、授权专利存量与总资产之比、研发资本存量与总资产之比等主观数据；二是采用主观方式进行测量，采用主观方式测量企业创新能力主要采用问题调查或访谈等方式进行，问卷调查则一般采用五点、七点李克特量表来测量。表2-3按照测量方式和时间顺序总结了一些经典文献中创新能力的测量方式。

表2-3 创新能力的测量

	文献来源	研究主题	吸收能力的测量	结论
客观方式测量	Hottenrott，Peters，2012	创新能力与融资约束	高素质员工所占比例和每个员工培训的费用	具有高创新能力、低金融资源的公司比其他公司更容易受到融资限制
	Yi，Wang，2013	创新能力对出口的影响	新产品销售额	创新能力与出口绩效之间的关系并不一致，而是取决于企业嵌入的制度环境

续表

	文献来源	研究主题	吸收能力的测量	结论
客观方式测量	傅利平，李永辉，2015	政府补贴、创新能力与企业存续时间的关系	新产品产值的对数衡量创新能力	创新能力在政府补贴与企业存续时间之间起中介作用
	吴超鹏，唐菂，2016	知识产权保护、技术创新与创新绩效	授权专利存量和研发资本存量分别与公司总资产之比	知识产权保护强度对企业创新能力有显著促进作用
	张越艳，李显君，2017	汽车行业高管薪酬与创新能力的关系	研发费用占营业收入比和单位营业收入无形资产增量的对数	高管薪酬对企业创新能力有促进作用
主观方式测量	郑建君，金盛华，2009	组织创新气氛、创新能力和创新绩效的关系	采用5点李克特量表测量创新能力	创新气氛在员工创新能力与创新绩效间起调节作用
	S. Chen，Wang，2010	高绩效工作系统与创新能力的关系	采用5点李克特量表测量创新能力	智力资本在高绩效工资系统与创新能力间起调节作用
	Lisboa，Skarmeas，2011	创新能力的驱动因素及其对企业绩效的影响	采用7点李克特量表测量创新能力的不同维度	不同创新能力对不同企业绩效影响效果不同
	吴爱华，苏敬勤，2012	人力资本专用线、创新能力与新产品开发绩效关系	采用5点李克特量表测量创新能力的不同维度	人力指资本专用性与渐进式产品创新能力显著正相关
	Ramírez，Rivero，2018	组织文化与企业创新能力的关系	采用5点李克特量表测量创新能力的不同维度	柔性文化促进创新能力、刚性组织文化在柔性文化和创新能力间起调节作用

2.1.4.5　本研究对吸收能力和创新能力测量

上书对企业吸收能力和创新能力的概念及测量方式进行了论述，从以往的文献研究看，吸收能力和创新能力的概念由于研究目的和研究对象的不同，导致其概念的差异，进而使吸收能力和创新能力的测量方式存在明显差异。从测量方式来看，它们的测量方式都可以分为主观测量和客观方式测量两种。主观方式即是采用问卷或访谈的形式进行测量，而客观方式则是采用客观研发人员或研发投入等相关数据进行测量。主观方式和客观方式测量各有利弊，主观方式的好处在于对于一些较为抽象的概念，可以根据自己研究的对象和研究目的设计测量问卷或访谈问题，不受客观数据范围窄的限制，可以对吸收能力和创新能力进行多维度测量。但是，主观测量的缺点在于，一方面，主观测量容易受被访问或调查的人员主观判断的影响，导致测量结果出现偏误；另一方面，受时间限制，当其他变量数据是面板数据时，则主观数据难以按照时间进行追踪测量。客观数据测量可以弥补主观测量的不足，但是客观数据无法根据需要进行多维度测量。因此，在对吸收能力和创新能力进行实际测量时，应根据研究目的、研究对象和现实需要来衡量利弊。

根据本研究对吸收能力和创新能力的概念界定：吸收能力是企业判断和识别外部知识，并对其进行获取、消化整合组织内部结构和资源对其进行应该以产生创新成果的能力；创新能力是企业通过协调公司行为、流程和战略意图等之间的关系，来开发新产品或开拓新市场并将企业现有创新成果商业化以产生商业绩效的能力。结合本研究的对象为创业板上市公司的时间面板数据，因此本研究无法采用问卷调查或访谈的形式对吸收能力和创新能力进行测量，只能采用客观数据进行测量。从表2-2吸收能力测量文献和表2-3创新能力测量文献采用客观测量方式的比较来看，二者在测量方式上的区别不大。结合本研究对吸收能力和创新能力的概念的界定，吸收能力主要强调将知识转化为创新成果的能力；而创新能力则强调企业将创新成果转化为企业财务效益的能力。因此Gkypali所采用的员工中接受高等教育的人数占比（Gkypali，Arvanitis，2018）和Badill的对吸收能力的测量更为符合本研究对吸收能力概念的界定（R，R，2018）；而吴超鹏和唐菂对创新能力的测量方式更符合本研究对创新能力概念的界定（吴超鹏，唐菂，2016）。

2.1.4.6　基于资源依赖理论的吸收能力作用机制

本研究所述吸收能力是指企业判断和识别外部知识，并对其进行获取、消化整合组织内部结构和资源对其进行应该以产生创新成果的能力。资源依赖理论认为，组织都不是自给自足的，为了生存组织必须与其所在环境进行资源交换（Pfeffer，Salancik，1978）。创新可以对企业已有资源进行有效整合，挖掘企业资源的更多潜力；同时，创新可以对企业新获取的资源进行有效配置，提升企业对资源的利用效率，从而提升企业的整体竞争优势（张大鹏，孙新波，2017）。因此，创新是企业获取和转化资源并塑造企业间资源差异的有效途径。企业创新投入是企业创新所需的重要资源，吸收能力作为一种重要的基于知识和资源利用和转化的能力，它能够促进企业对其内外部各种资源的获取、吸收并将其转化为创新成果（刘超，刘新梅，2017）。因此，吸收能力能够增强企业对政府补贴资金和企业投入资金的利用效率。

2.1.4.7　基于资源基础理论的创新能力作用机制

创新能力是一项复杂的活动，本研究将创新能力定义为企业通过协调公司行为、流程和战略意图等之间的关系，来开发新产品或开拓新市场并将企业现有创新成果进行商业化以产生财务绩效的能力。Adner和Levinthal认为，在基于需求的技术演化过程中，创造并保持企业产品与其他企业产品的异质性，是企业获得竞争优势的关键因素（Adner，Levinthal，2001）。而创新是保持企业产品同其他竞争产品异质性的主要途径。随着产业技术复杂程度的持续提升和产品生命周期的不断缩短，企业仅靠内部资源来提升其创新能力变得越来越困难。Wernerfelt的资源基础理论认为，企业是人力、财力和物力等各种资源的集合体，企业的竞争优势主要源自资源差异，而不是企业所处产业环境的差异，因此，创造和维持这种差异是企业成功的关键（Wernerfelt，1984；李婧，贺小刚，2010）。企业的创新能力是企业通过协调公司行为、流程和企业战略意图的关系来开发新产品并使之商业化形成新市场的能力（C L Wang，Ahmed，2004）。从这个意义上讲，企业的创新能力是企业内部的管理系统、技术系统以及掌握专业技术知识的人和企业价值观等共同构成的，可利用资源的分配与整合能力，对行业发展的理解能力和战略管理能力等促成企业进行技术创新的一系列特征能力之和（Burgelman，Christensen，1996；Leonard Barton，1992）。企业的创新成果只有通过开发并形成新产品之后才能为企业带来财务绩效。企业的创新能力能够有效整合企业内外部各种资源将新技术、新方法和工艺进行商业化进而促进企业的经营绩效。

2.2　创新投入与创新绩效相关研究

目前，从政府资助和企业研发投入的角度研究企业创新投入对企业创新效果影响的研究文献来看，多从以下三个方面进行分析：

（1）政府补贴对企业研发投入的影响。政府补贴是指企业无偿从政府获得的货币性资产或非货币性产，其主要形式有：研发补贴、财政贴息、税收返还、无偿划拨非货币性资产等形式。企业获得政府无偿划拨的非货币性资产和财政贴息一般较难获得确切数据，因此，在研究中较少涉及，在研究中所涉及的政府补助一般是指政府的研发补贴。在目前的研究文献中，政府补助对企业研发投入的影响存在以下两种观点：政府研发补助对企业研发投入存在挤出效应，如李永等人以中国2000~2010年省际面板数据为研究对象，其研究结果表明，政府补贴对企业研发投入有显著的挤出效应（李永，王砚萍，2015）；政府补贴对企业研发投入有显著的促进作用，如陈玲和杨文辉以2010~2012年中国上市公司数据面板数据为研究对象，其结果表明，政府研发补贴促进企业研发投入（陈玲，杨文辉，2016）。

（2）税收优惠政策对企业研发投入的影响。在我国，税收优惠政策一般包括免税、减税、加速扣除、减计扣除、税额抵免等多种形式。根据新《企业会计准则》的规定："企业收到的税收返还款属于以税收优惠形式给与企业的一种政府补助"。因此，税收优惠属于政府补助的一种形式。目前研究税收补贴对企业创新影响的研究文献中，主要研究税收优惠对企业研发投入的影响。目前的研究文献中，关于税收优惠对企业研发投入的影响存在三种不同的研究结论：

①税收优惠对企业研发投入存在明显的促进作用，如Kasahara等以日本2000~2003年企业结构与活动基本概况调查数据为研究样本，其结果表明，税收抵免措施有助于企业增加研发投入（Kasahara，Shimotsu，2014）。

②政府税收优惠对企业研发投入存在挤出效应，如Maino等以法国1993~2009年公司面板数据为研究对象，其研究结果表明，在政府研发抵免处于中等水平时，政府税收优惠对企业研发投入存在挤出效应（Marino，Lhuillery，2016）。

③政府税收优惠对企业研发投入影响不显著，如Chen和Gupta以台湾2000~2003年530家公司面板数据的研究结果表明，税收抵免对高科技公司研发投入影响明显，但对非高技术公司影响不显著（M C Chen，Gupta，2016）。

（3）政府补助和企业研发投入对创新绩效的影响。企业创新投入资金来源分为政府补贴和企业研发投入两种形式。目前研究文献中，关于政府补助和企业研发投入对企业创新绩效影响的研究中，主要存在以下两种观点：第一，政府补助和企业研发投入对企业创新绩效存在显著的正向影响，如尚洪涛和黄晓硕以2008~2015年中国医药制造上市公司面板数据为研究对象，其研究结果表明，政府补贴与研发投入对创新绩效有显著的促进作用，但是存在滞后效应（尚洪涛，黄晓硕，2018）。第二，政府补贴对企业创新绩效存在负向影响，如李平和刘莉莉以中国2003~2012年地区面板数据为研究对象。其研究结果表明，政府补贴对创新绩效有负向影响；企业研发投入对创新绩效有促进作用（李平，刘利利，2017）。

上述文献分析表明，无论是政府补贴对研发投入的影响、税收优惠对企业研发投入的影响还是政府补贴和企业研发投入对创新绩效的影响，研究结论并不统一。表2-4按照时间顺序总结了一些关于创新投入与创新绩效关系的文献。

表2-4 创新投入与企业创新绩效关系相关研究

文献来源	研究主题	样本	主要研究结论
Kasahara，Shimotsu，2014	税收抵免与企业研发支出的关系	日本 2000~2003 年企业结构与活动基本概况调查数据	税收抵免措施有助于企业增加研发投入
李永，王砚萍，2015	制度约束下政府补贴与创新绩效的关系	中国 2000~2010 年省际面板数据	政府补贴挤出企业研发投入
Marino，Lhuillery，2016	政府税收补贴对企业研发投入的影响	法国 1993~2009 年公司面板数据	政府补贴与企业投入不存在替代效应；在政府研发抵免水平中等时，存在挤出效应
M C Chen，Gupta，2016	政府税收抵免与企业增量研发投入的关系	台湾 2000~2003 年 530 家公司面板数据	税收抵免对高科技公司研发投入影响明显，但对非高技术公司影响不显著
陈玲，杨文辉，2016	政府补贴与企业研发投入的关系	2010~2012 年中国上市公司数据	研发补贴促进企业研发投入；研发补贴流向本土企业
翟淑萍，毕晓方，2016	高管持股、政府补贴与企业研发投入的关系	2010~2014 年中国高新技术上市公司数据	政府补贴促进企业研发投入
李平，刘利利，2017	政府补贴、企业研发投入与创新绩效	2003~2012 年中国地区面板数据	政府补贴对创新绩效有负向影响；企业研发投入对创新绩效有促进作用
马文聪，李小转，2017	政府补贴、税收和间接税收对企业研发投入的影响	2009~2014 年中国大中型工业企业面板数据	三种政府补贴对企业研发投入有显著的促进作用
尚洪涛，黄晓硕，2018	政府补贴、研发投入与创新绩效的关系	2008~2015 年中国医药制造上市公司面板数据	政府补贴与研发投入对创新绩效有滞后效应

2.3 创新绩效与企业绩效的相关研究

目前，从专利的角度研究创新绩效对企业绩效影响的文献来看，多从以下两个方面进行分析：

2.3.1 从专利数量的角度研究创新绩效对企业绩效的影响

企业专利数量一般包括专利申请量、专利授权量、有效专利数量等几种形式。从专利数量角度研究创新与企业绩效关系的研究中，研究结论一般包括以下三种：

（1）专利数量与对企业绩效存在显著正向影响，如 Andries 和 Faems 通过对比大型企业和中小企业的方法，研究了专利申请、专利许可、企业创新与企业绩效之间的关系（Andries，Faems，2013），其研究结果表明，企业专利申请量对企业绩效有显著的促进作用；Ghapar 等以马来西亚制造业 1994~2008 年面板数据为研究对象，其结果表明，在马来西亚申请量与授权的专利与企业绩效正相关，而在美国申请与授权的不相关（Ghapar，Brooks，2014）。

（2）专利数量对企业绩效影响不显著，如李忆等人以 130 家高科技公司为研究对象，研究了发明专利和实用新型累积申请量与企业绩效的关系，研究结果表明，发明专利和实用新型申请量对企业绩效影响不显著（李忆，马莉，2014）；Mahlich 以日本 34 家制药公司 1987~1998 年面板数据为研究对象，其研究结果表明企业专利储量（patent stock）与企业的销售增长和盈利能力影响均不显著（Mahlich，2010）。

（3）专利数量对企业绩效存在显著的负向影响，如 Artz 以美国 1986~2004 年 35 个行业 272 家公司面板数据为研究对象，结果表明专利数量对企业的资产收益率和销售增长率均有显著的负向影响（Artz，Norman，2010）。

2.3.2 从专利质量的角度研究创新绩效对企业绩效的影响

在对专利质量与企业绩效关系的研究中，大多数学者以专利引用量指标来衡量企业专利质量的高低。如 Chang、Chen 等以专利引用相关指标作为专利质量的衡量指标并研究其对企业绩效的影响（Chang，Chen，2012；Y S Chen，Chang，2009，2010b）。在以我国企业为研究样本时，很难采用专利引用指标来衡量企业专利质量，一方面是由于我国专利引用指标较难获取，另一方面则是专利引用数量本身受时间约束较强，比如一项质量较高的新授权发明专利，其引用数量很难较为客观地衡量该件专利的质量。此外，不同行业之间专利质量也有所差异，这种差异可能会导致不同行业专利质量对企业绩效影响的差异。如Toro和Guillermo以生物医药企业为目标样本，研究专利质量与企业绩效之间的关系（Toro，Guillermo，2013）；刘小青和陈向阳东则以电子信息产业为研究对象，研究了专利质量相关指标对企业绩效的影响（刘小青，陈向东，2010）。这些学者以不同的行业为目标样本，研究专利与企业绩效之间的关系，其结果也各有差异。表2-5按照时间顺序总结了一些从专利视角关于创新绩效与企业绩效之间关系的文献。

表 2-5 创新绩效与企业绩效之间关系的研究

	文献来源	样本	主要研究结论
专利数量对企业绩效的影响研究	Mahlich，2010	日本 34 家制药公司 1987~1998 年面板数据	专利储量（patent stock）与企业的销售增长和盈利能力影响均不显著
	Artz，Norman，2010	美国 1986~2004 年 35 个行业 272 家公司面板数据	研发支出与专利数量正相关；专利数量与资产收益率负相关；专利数量与销售增长率负相关
	Ghapar，Brooks，2014	马来西亚制造业 1994~2008 年面板数据	在马来西亚申请量与授权的专利企业绩效正相关，在美国申请及授权的不相关
	Maresch，Fink，2015	2004~2008 年奥地利不同行业的 975 个案例样本	专利数量与企业绩效正相关；创新竞争是专利数量影响企业绩效的调节变量；当期专利授权量越高，下期企业绩效越好。专利年龄是专利数量影响企业绩效的调节变量
	B Lee，Cho，2015	全球 28 家 IT 企业 2003~2012 年面板数据	自主研发专利与外购专利数量与企业绩效正相关。合作研发专利数量对企业的不同绩效指标影响各异
专利质量对企业绩效的影响研究	Ambrammal，Sharma，2016	2000~2010 印度 489 家中高技术公司数据	专利授权量与企业绩效正相关；研发投入对企业绩效影响不显著
	Hirschey，Richardson，2001	美国高技术产业 1290 家 1989~1995 年面板数据	当前影响指数（CII）与企业绩效正相关；研发支出影响企业的长期未来收益现值
	Y S Chen，Chang，2009	运用人工神经网络模型，以美国、加拿大 1997~2006 年 40 家制药企业为样本	HHI 与市场价值负相关（非线性）；技术独立性与市场价值正相关（非线性）；专利被引次数与市场价值倒 U 型关系

续表

	文献来源	样本	主要研究结论
专利质量对企业绩效的影响研究	Y S Chen, Chang, 2010	美国 37 家制药公司 1997~2006 年面板数据	相对专利位置与市场价值正相关；HHI 与市场价值负相关；专利被引量与市场价值正相关
	Chang, Chen, 2012	全球销售额最高的 42 家制药公司 1996~2009 年面板数据	专利 H 指数与企业绩效正相关；必要专利指数（EPI）与企业绩效正相关
	Boasson, Boasson, 2015	美国医药企业 1990~1999 年面板数据	专利引用量与企业市场价值正相关
	Suh, 2015	美国智能手机产业和药品生物技术产业 11 家公司 1999~2010 年面板数据	新领域专利数量与市场价值正相关；专利被引用量与市场价值负相关；专利自引量与企业价值正相关

2.4 创新投入与企业绩效相关研究

目前，从政府资研发资助和企业研发投入的角度研究企业创新投入对企业绩效影响效果的研究文献来看，多从以下两个方面进行分析：

2.4.1 政府补贴与企业绩效间的关系

例如，李雪峰和蒋春燕以南通市通州区 2009 年 243 家公司问卷调查数据为研究对象，研究了人力资源管理、企业绩效与政府支持的关系，其研究结果表明政府支持在人力资源管理与企业绩效间起调节作用（李雪峰，蒋春燕，2011）；项国鹏和黄玮以浙江省 9 个地级市 15 个孵化器企业调研数据为研究样本，通过实证研究分析了政府对创新的扶持方式与企业绩效的关系，其结果显示政府补贴对企业绩效存在正向影响关系（项国鹏，黄玮，2016）；武咸云等人以中国 2010~2014 年 278 家战略新兴产业上市公司为研究样本，研究结果认为研发投入与当期财经绩效负相关；滞后一期的政府补贴与企业绩效负相关（武咸云，陈艳，2017）。

2.4.2 企业研发投入与企业绩效间的关系

例如，戴小勇和成力为以中国 2005~2007 年工业企业数据为研究对象，分析了研发投入对企业绩效的影响，研究结果表明研发投入与企业绩效的关系存在门槛效应（戴小勇，成力为，2013）。胡明霞以中国2009~2012年上市公司为研究样本，通过实证分析研究了管理层权力、创新投入与企业绩效，结果显示创新投入对企业绩效正向影响；结构/声誉权利分别负向/负向调节创新投入对企业绩效的影响（胡明霞，2015）。Jirásek以2001~2015德国大型工业企业上市公司数据，其结果表明短期内研发投入波动性与企业绩效负相关；长期内研发投入与企业绩效正相关（Jirásek，2017）。表2-6按照时间顺序总结了一些关于创新投入与企业绩效之间关系的文献。

表2-6 创新投入对企业绩效影响的相关研究

文献来源	研究主题	样本	主要研究结论
李雪峰，蒋春燕，2011	人力资源管理、企业绩效与政府支持的关系	南通市通州区2009年243家公司问卷调查数据	政府支持在人力资源管理与企业绩效间起调节作用
戴小勇，成力为，2013	研发投入对企业绩效的影响	中国2005~2007年工业企业数据	研发投入与企业绩效的关系存在门槛效应
李四海，陈旋，2014	企业家专业背景、研发投入与企业绩效的关系	中国2007~2010年高新技术企业为研究样本	企业家技术背景促进企业研发投入并进而促进企业未来绩效
胡明霞，2015	管理层权力、创新投入与企业绩效	中国2009~2012年上市公司为研究样本	创新投入对企业绩效正向影响；结构/声誉权利分别负向/负向调节创新投入对企业绩效的影响
项国鹏，黄玮，2016	政府对创新的扶持方式与企业绩效的关系	浙江省9个地市15个孵化器企业调研数据	政府补贴对企业绩效存在正向影响关系
王维，吴佳颖，2016	政府补助、研发投入与企业价值关系	以2011~2014年信息技术上市公司为研究对象	政府补贴和研发投入对当期和滞后一期企业价值有促进作用；研发投入在政府补贴和企业绩效间起中介作用
武咸云，陈艳，2017	研发投入、政府补助与企业价值的关系	中国2010~2014年278家战略新兴产业上市公司为研究样本	研发投入与当期财经绩效负相关；滞后一期的政府补贴与企业绩效负相关
Jirásek，2017	研发投入与企业绩效的关系	2001~2015年德国大型工业企业上市公司数据	短期内研发投入波动性与企业绩效负相关；长期内研发投入与企业绩效正相关

续表

文献来源	研究主题	样本	主要研究结论
李显君，王巍，2018	企业所有权性质、创新投入与企业绩效的关系	2012~2015年中国汽车上市公司数据	创新投入与企业绩效之间存在非线性关系；研发投入与企业绩效间因所有权性质而呈现区间效应
尹美群，盛磊，2018	高管积累创新投入与企业绩效的关系	2009~2015年沪深两市A股主板上市公司数据	创新投入对技术密集型企业绩效存在促进作用而劳动密集型企业无显著影响

2.5 研究评述

本章首先对企业创新投入、创新绩效、企业绩效吸收能力及创新能力等概念和测量方式进行了系统梳理和述评，在此基础上，对现有文献关于创新投入、创新绩效和企业绩效关系的相关研究进行了梳理，以下将在上述文献回顾的基础上从未来几者之间关系的理论研究和实证研究的迫切性和可行性的角度，提出以下五点发展方向：

（1）创新投入中政府补贴、企业研发投入和创新绩效之间的相互作用。

在技术迅猛发展的今天，创新是企业发展的动力，只有持续创新的企业，才能满足日益变化的市场需求，才能不断提高市场竞争力。组织创新领域的核心问题是企业如何通过资源的合理配置形成创新成果。随着创新复杂程度的增加，企业仅靠组织内部的信息和资源已无法适应日渐加快的产品更新换代的时代形式。政府研发资助和企业研发投入作为企业创新投入的重要资金来源，对创新绩效发挥着重要的作用。因此，深入分析政府补贴、企业研发投入和创新绩效间的相互作用机制具有十分重要的现实意义。

（2）从专利的视角探究创新绩效对企业绩效的影响。

专利是企业创新的重要产出品，代表了先进的技术和创新成果。据世界知识产权组织（World Intellectual property organization，简称WIPO）统计，专利文献包含了人类创造95%的科学技术成果。有效地实施和运用现有专利信息，可以有效缩短研发周期，节省研发费用（Jin，Feng，2011）。一方面，专利能够在一段时期内，为企业的技术创新提供有效保护，在一定程度上阻止竞争者的进入，形成一定的行业壁垒，从而提升企业绩效（Cockburn，Macgarvie，

2011）。另一方面，当产品进行商业化时，在特定的市场上，专利能够在一定时期内为企业新产品提供必要保护，使企业产品与其他产品相比，更具有竞争优势，为企业带来更多的财务收益（Andries，Faems，2013）。因此，有效实施、开发和运用专利，并使之转化为企业的财务效益，对于增强企业乃至国家的自主创新能力和国际竞争力都具有重要的意义。

（3）积极拓展创新投入、创新绩效与企业绩效间互动关系的研究。

研发活动是技术创新的重要环节，是提升企业核心竞争力的关键，在推动经济增长的过程中起着决定性的作用。科技投入是否以及如何影响创新绩效和企业绩效是国家创新政策和企业创新管理的核心问题，受到学术界、实务界和政府的广泛关注。但是，技术创新的"正外部性"和创新的高风险性特征，使创新企业承担了所有的创新成本和创新失败的风险，却未能获得所有的创新收益。在国家创新战略转型的过程中，如何合理且高效地运用企业内外部资源和企业自身能力来促进企业创新和提升财务绩效，无疑是最为关键的战略因素。一方面，创新投入在一定程度上影响企业创新进而影响企业的经营状况。另一方面，企业的创新是一个长期过程，需要持续的资金投入，企业的创新成果会影响企业创新战略的制定。从目前的研究来看，多集中在创新投入、创新绩效和企业绩效两两关系的探讨，而对三者之间相互作用关系的研究较少。那么，创新投入是否促进了企业创新和企业的财务绩效？创新绩效在投入与企业绩效间的作用如何？对该问题的回答不仅可以丰富该领域的理论研究成果，而且可以为国家和企业创新战略的制定提供理论和实证依据。

（4）探究吸收能力在企业创新过程中的作用。

吸收能力是指企业判断和识别外部知识，并对其进行获取、消化整合，组织内部结构和资源对其进行应该以产生创新成果的能力。对于吸收能力在创新投入与创新绩效间发挥的作用机理仍不清晰。吸收能力体现为两个方面：对外部信息、知识和资源，依托员工的主客观条件能够筛选、识别并确保内外部资源的价值；对于知识与资源的转移，通过员工的经验、关系网络以及创新管理机制推动有价值的知识及资源的转移与应用（Todorova，Durisin，2007）。因此，作为促进知识流动和知识整合转化的能力，吸收能力为创新投入影响创新绩效作用的发挥提供了有效的调节机制（张振刚，陈志明，2015）。然而，少有文献对吸收能力在创新投入在影响创新绩效过程中所发挥的作用进行研究。探讨吸收能力在企业创新投入影响企业创新绩效过程中的作用，有助于揭示多维度影响企业创新绩效的机理。

（5）深入研究创新能力在企业创新成果转化过程中的作用。

创新能力是企业通过协调公司行为、流程和战略意图等之间的关系，利用企业创新资源开发新产品或开拓新市场并将企业现有创新成果进行商业化以产生财务绩效的能力。随着创新复杂程度和创新不确定性的增加，企业绩效的提升越来越依赖于企业协调各种资源将创新成果进行商业化的能力。资源是创新的要素，但是资源本身并不会带来创新成果，创新有赖于技术、信息、知识等资源的有效整合，企业的创新能力是企业通过协调公司行为、流程和企业战略意图的关系来开发新产品并使之商业化形成新市场的能力（C L Wang，Ahmed，2004）。企业的创新成果只有通过开发并形成新产品之后才能为企业带来财务绩效。企业的创新能力能够有效整合企业内外部各种资源将新技术、新方法和工艺进行商业化进而促进企业的经营绩效。然而，少有文献对创新能力在企业将创新成果转化过程中所发挥的作用进行研究。因此，深入研究创新能力在企业在创新成果转化过程中的作用具有十分重要的现实意义。

第 3 章

政府补贴、企业投入与创新绩效的互动机制

3.1　问题提出

在技术迅猛发展的今天，创新是企业发展的动力，只有持续创新的企业才能满足日益变化的市场需求，才能不断提高市场竞争力（钱锡红，杨永福，2010）。组织创新领域的核心问题是企业如何通过资源的合理配置形成创新成果（Tödtling，Lehner，2009）。随着创新复杂程度的增加，企业仅靠组织内部的信息和资源已无法适应日渐加快的产品更新换代的时代形式（Escribano，Fosfuri，2009）。企业创新绩效的提升越来越依赖于对知识和资源的吸收与整合能力（Kostopoulos，Papalexandris，2011；Morgan，Berthon，2008），即企业对内外部各种资源进行识别、整合、转化和利用的能力（Cohen，Levinthal，2000）。政府研发资助（以下简称"政府补贴"）和企业研发投入（以下简称"企业投入"）作为企业创新投入的重要资金来源，对创新绩效发挥着重要的作用（Schwartz，Peglow，2012）。因此，深入分析政府补贴、企业投入和创新绩效间的相互作用机制，以及吸收能力在这一过程中的作用机理具有十分重要的现实意义。

尽管已有文献支持政府补贴能够引导企业增加研发投资，从而促进创新绩效的观点（Carboni，2011）。但也有一些研究发现，政府补贴在影响创新绩效的过程中，由于研发资源的垄断、研发活动的外部性等因素影响，导致政府补贴干扰了企业自身的创新活动，进而使政府补贴与企业投入对创新绩效产生不利影响（Görg，Strobl，2007；Guellec，Van Pottelsberghe De La Potterie，2003）。我国政府补贴和企业投入在稳步增长，但目前关于政府补贴、企业投入与创新绩效间相互作用关系的研究存在分歧。有些学者认为，政府补贴与企业投入对创新绩效有明显的促进作用（马文聪，李小转，2017），也有学者认为政府补贴与企业投入对创新绩效有负面影响（李平，刘利利，2017）。就目前应用实证方法研究中国问题的文献来看，主要集中在政府补贴对企业研发投入的促进还是抑制效应（Marino，Lhuillery，2016；Rao，2016）以及政府补贴对创新绩效的影响是促进还是抑制作用（陈玲，杨文辉，2016；马文聪，李小转，2017）且其研究结论也存在分歧。而对于政府补贴、企业投入和创新绩效间相互作用的研究较少，那么从企业层面，政府补贴如何影响企业研发创新并进而影响企业创新绩效，企业研发投入在政府补贴影响创新绩效过程中的作用如何，是需要进一步探讨的问题。

自Cohen和Levinthal首次提出吸收能力这一概念以来（Cohen，Levinthal，1990），组织创新领域的学者相继研究了吸收能力对组织创新及创新绩效的影响。目前，对该领域的研究主要集中在：吸收能力对创新或创新绩效的直接影响，但企业研究结果并统一，部分学者实证研究发现吸收能力对创新绩效有正向影响（简兆权，吴隆增，2008；王国顺，杨昆，2011），也有学者的研究结果表明吸收能力对创新绩效的影响不显著（李贞，杨洪涛，2012）；吸收能力对创新绩效存在间接效应，即吸收能力通过知识整合和组织学习等因素间接影响创新绩效（简兆权，吴隆增，2008；李贞，杨洪涛，2012），吸收能力作为影响创新绩效的调节效应的研究较少。吸收能力体现为两个方面：对外部信息、知识和资源，依托员工的主客观条件能够筛选、识别并确保内外部资源的价值；对于知识与资源的转移，通过员工的经验、关系网络以及创新管理机制推动有价值的知识及资源的转移与应用（Todorova，Durisin，2007）。因此，作为促进知识流动和资源整合的一种能力，吸收能力为政府补贴和企业投入影响创新绩效作用的发挥提供了有效的调节机制（张振刚，陈志明，2015）。然而，少有文献对吸收能力在政府补贴与企业投入在影响创新绩效过程中所发挥的作用进行研究。探讨吸收能力在政府补贴和企业投入影响企业创新绩效过程中的作用，有助于揭示多维度创新绩效的影响机理。

针对以上问题，本章试图从以下三方面对目前研究存在的问题进行分析：其一，探讨政府补贴对企业研发投入和创新绩效的影响；其二，探讨企业研发投入在政府补贴和创新绩效间的中介效应；其三，进一步探讨吸收能力的调节作用。

3.2　研究假设的提出

3.2.1　政府补贴与企业研发投入

政府补贴是指，政府对企业研发活动的直接资金支持，在企业创新的过程中，政府补贴作为企业创新资金的重要保障，对企业创新产生重要影响（E Y

Lee，Cin，2010）。一方面，政府补贴对企业研发投入可以引致企业投入，表现为"引致效应"，即政府补贴促进企业投入对创新绩效的提升。郭迎锋等对我国大中型工业企业进行的实证研究证实，政府对企业的研发资助会对企业自身的研发投入形成明显的杠杆效应，且该效应会随着工业化的进程而不断增强（郭迎锋，顾炜宇，2016）。王楠等的研究结果表明，政府补贴对企业研发投入有显著的促进作用，在同等条件下，与未获得政府补贴的企业相比，获得政府补贴的企业更倾向于提高自有研发支出（王楠，苏杰，2017）。Spence通过实证研究发现，政府补贴减少了企业技术创新的成本，降低了企业研发创新的风险，从而促进了企业研发动机的提高（Spence，1986）。另一方面，政府补贴对企业研发投入具有"激励效应"，政府补助作为政府干预资源分配的方式，可以弥补市场在资源分配过程中的市场失灵问题，优化社会资源配置。由于创新具有正的外部性，使得创新成果所带来的经济收益不能完全被创新企业所占据，从而降低了企业研发投入的动机，而研发的高风险性进一步降低了企业研发投入意愿。政府补助作为资源调配方式，可以对企业研发提高激励，分配足够的资源使企业从事创新活动，以弥补企业研发投入的不足，降低企业研发风险（Bronwyn H Hall，2002；Nelson，1959）。基于此，提出如下假设：

假设H1：政府补贴正向影响企业研发投入。

3.2.2 企业研发投入与创新绩效

企业研发活动是企业技术进步的动力和赢得市场竞争的重要因素。洪俊杰和石丽静认为，企业研发是指，研发单位依靠自身的科技力量，不借助其他机构的技术人员等完成研究项目的过程（洪俊杰，石丽静，2017）。本研究的目的之一是探索政府补贴、企业研发投入与企业创新绩效间的互动关系，因此本研究所述企业研发投入主要是指企业自主研发投入的资金，这与陈岩等（陈岩，湛杨灏，2018）、任洪源等的研究一致（任洪源，刘刚，2017）。企业创新是企业利用企业所拥有的人力、财力和物力等各种资源创造新知识的过程。因此，企业研发投入对创新绩效的影响主要体现在以下三个方面：

（1）企业研发投入对创新所需人力资源的积累。人力资源的积累对创新绩效的影响主要表现在人力资源通过知识、技术和经验对创新绩效的影响。研发投入的增加使企业有更多的资金通过新资本或升级原有资本形式来积累新知识、新技术和新的生产经验，经过不断的积累，企业知识存量逐步增加并形成企业的无形资产，从而促进企业创新绩效的（孙早，宋炜，2012）。

（2）企业研发投入对创新所需财力资源的积累。研发投入资金分为研究投入资金和开发投入资金。研究资金主要用于人员的培训、工资等开支，开发资金主要用于产品的开发产品。研发投入的增加使企业用于研发人员的培训和交流的投入增加，从而增强企业对知识和技术的转化吸收能力，进而促进企业创新绩效。

（3）企业研发投入对创新所需物力资源的积累。研发投入的增加使企业有更多的资金进行生产基础设计建设、购买更加先进的生产设备，而先进的生产设备在生产的各个环节的集成化程度更强，有利于节约成本，提升创新发展速度，增强生产柔性和适应性，进而促进企业创新绩效。基于此，提出如下假设：

假设H2：研发投入对创新绩效有显著的促进作用。

3.2.3 企业研发投入的中介作用

政府补贴与企业研发投入是不同的投入主题，在影响创新的过程中，起着相辅相成的作用，使二者对创新绩效的影响发挥到最优效果（李平，刘利利，2017）。政府补贴、企业投入和创新绩效间的相互关系表现在：

（1）政府补贴可以使企业能够分配足够的资源从事创新活动，由于研发支出相当于企业投入的大额固定成本，有能力承担研发活动的企业数量较少，而政府补贴有助于克服研发项目起步阶段的固定成本（Spence，1984）。因此，政府补贴高的企业有更充裕的资金用于企业创新活动。政府补贴对企业创新绩效的正向影响受到诸多学者的支持，如余伟婷和蒋伏心从规模以上的工业企业的层面进行实证分析，其结果表明政府补贴对创新具有显著正向影响（余伟婷，蒋伏心，2017）。

（2）企业投入在提高自身创新绩效的同时，使政府补贴的预期效果得以实现；保障企业利益与国家利益的一致性，从而进一步吸引更多的政府补贴资金。由于技术创新具有外溢性的特征（余泳泽，刘大勇，2013），因此企业在增加自身研发投入提升自身技术创新能力的同时，提升了自身的竞争水平和利润水平，进而使整个社会的技术水平得以提升。形成政府补贴—企业研发投入—创新绩效—政府补贴的良性循环（Perkmann，Walsh，2010）。

（3）政府补贴以企业原有的研发资源为基础，而企业投入能够带来研发资源结构上的突破（李平，刘利利，2017），并通过市场信息反馈引致知识溢出，引导企业对创新资源进行更为有效的配置，提升企业对政府补贴资金的利用效率，促进企业创新绩效的提升（樊纲，王小鲁，2011）。政府补贴通过对企业的研发活动进行资金支持来降低企业研发成本和研发风险，并引导企业增加创新投入，企业则将政府补贴资金转化为企业研发资金，进而促进企业整体的创新水平（郭迎锋，顾炜宇，2016）。基于以上分析，提出如下假设：

假设H3：研发投入在政府补贴与创新绩效间起中介作用。

3.2.4 吸收能力的调节作用分析

Cohen和Levinthal最早将吸收能力的概念界定为：企业识别、消化、整合和应用知识的能力（Cohen，Levinthal，1990）。Kim认为，吸收能力是组织学习能力和解决问题的能力，并将吸收能力分为已有知识基础与学期努力程度两个维度（Kim，1998）。Zahra和George在以往研究的基础上，从过程的视角，将吸收能力的完善为四维模型，指出吸收能力是企业获取、吸收、转化和利用各种知识的一系列组织惯性和过程（Zahra，George，2002）。综合以往学者对吸收能力概念的界定，本研究将吸收能力定义为企业获取、吸收、转化和利用企业内外部资源并将其转化为创新成果的能力。资源依赖理论认为，组织都不是自给自足的，为了生存和获取资源的需要，组织必须与其所在环境进行资源交换（Pfeffer，Salancik，1978）。资源是创新的要素，但是资源本身并不会带来创新成果，创新有赖于技术、信息、知识等资源的有效整合（Phelps，Heidl，2012）。创新可以对企业已有资源进行有效整合，挖掘企业资源的更多潜力；同时，创新可以对企业新获取的资源进行有效配置，提升企业对资源的利用效率，从而提升企业的整体竞争优势（张大鹏，孙新波，2017）。因此，创新是企业获取和转化资源并塑造企业间资源差异的有效途径。企业创新资金主要来源于政府补贴和企业投入，两者作为企业创新系统的重要组成部分；从资源的获取方式来看，政府补贴和企业投入是企业创新投入的外部和内部资源，是推动企业创新的主要力量（李平，刘利利，2017）。吸收能力作为一种重要的基于知识和资源利用和转化的能力，它能够促进企业对其内外部各种资源的获取、吸收并将其转化为创新成果（刘超，刘新梅，2017b）。因此，吸收能力能够增强企业对企业投入资金的利用效率。基于此，提出如下假设：

假设H4：吸收能力正向调节企业投入与创新绩效间的关系。

3.2.5　吸收能力对企业研发投入中介效应的调节

在前文的文献回顾和理论模型分析中，只考虑了两个或三个变量之间的相互作用关系，而未从整体模型出发，将四个变量同时纳入模型，分析四个变量之间的相互作用的关系。综合研究假设H1、H2和假设H3，企业研发投入中介了政府补贴和企业创新绩效之间的关系，而企业研发投入对创新绩效的作用受企业吸收能力水平的影响。由于企业投入中介作用的大小同时受政府补贴对企业投入以及企业投入对创新绩效的影响；由假设H4可知，吸收能力增强了企业投入对创新绩效之间的正向影响关系，当企业吸收能力增强时，企业投入对企业创新绩效的正向影响效果增强，此时，企业投入在政府补贴和创新绩效间的中介效应随之增强；当企业吸收能力水平减弱时，企业投入对创新绩效的影响效果减弱，此时企业投入在政府补贴和创新绩效间的中介效果也随之减弱。因此，吸收能力正向调节了企业投入的中介效应，基于此，提出如下假设：

假设H5：吸收能力正向调节政府补贴与创新绩效间的间接关系，当组织的吸收能力增强时，企业研发投入的中介效应随之增强。

基于以上分析，本研究所构建的政府补贴、企业研发投入创新绩效与吸收能力所构成的基本概念模型如图3-1所示。

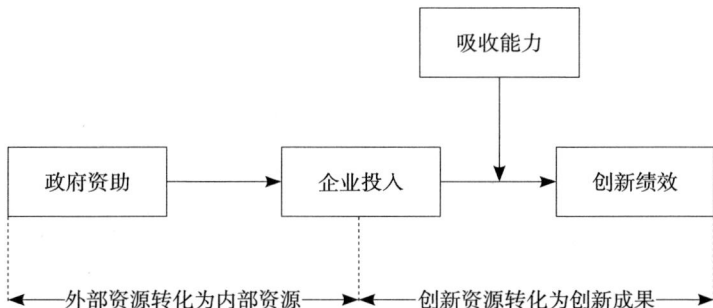

图3-1　研究一的理论模型图

3.3 计量模型与变量说明

3.3.1 实证模型设定

（1）为检验假设H1、假设H2和假设H3，即检验政府补贴对企业研发投入的正向影响，企业研发投入对创新绩效的正向影响和研发投入在政府补贴与创新绩效间起中介作用。本研究借鉴刘超等的研究（刘超，刘新梅，2017），综合运用两种方法来检验企业投入的中介效应，首先，根据Baron和Kenny对中介效应的检验方法（Baron，Kenny，1999），运用Spss21.0进行层次回归分析来检验假设H1、假设H2和假设H3。其次，采用Preacher和Hayes开发的基于Bootstrap的中介效应检验方法对层次回归方法进行验证（Preacher，Hayes，2004），该方法的优点在于，不仅能够计算出中介效应的大学，而且能计算出中介效应的显著性水平，弥补了Baron和Kenny层次回归中介效应检验方法的不足。层次回归方程如下式所示：

$$R\&D_{it} = a_0 + aGov_{it} + \varphi Control_{it} + \mu_1 \qquad (3-1)$$

$$InP_{it} = b_0 + bGov_{it} + \varphi Control_{it} + \mu_2 \qquad (3-2)$$

$$InP_{it} = c_0 + c_1 Gov_{it} + c_2 R\&D_{it} + \varphi Control_{it} + \mu_3 \qquad (3-3)$$

式中：a_0为常数项；$R\&D$为企业研发投入；Gov为政府补贴；InP为创新绩效；$Control$为影响企业创新绩效的控制变量；μ为随机误差项；a、b、c、φ为回归系数；i为公司；t为时间。检验程序如图3-2所示。

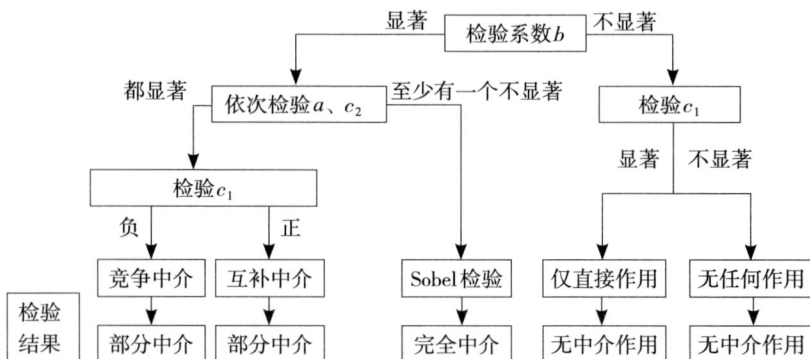

图 3-2　中介效应检步骤

（2）为检验假设H4和假设H5，即吸收能力在企业研发投入与创新绩效间的调节效应和吸收能力对上述中介效应的调节作用，本研究借鉴温忠麟等的有调节的中介效应检验的层次回归方法（温忠麟，张雷，2006），并根据陈瑞、温忠麟等人的基于Bootstrap方法对假设H4和假设H5进行检验（陈瑞，郑毓煌，2013；温忠麟，叶宝娟，2014）。该方法的具体做法是，根据Preacher等人所开发的基于Bootstrap方法的调节的中介效应的检验方法（Preacher，Rucker，2007），通过Spss21.0调用其编写的第三方插件Process宏语言来检验假设H4和假设H5。采用该方法的优点在于，传统的多元回归分析或结构方程模型均无法同时检验中介效应和调节效应，更无法检验调节效应对中介效应的影响，而采用该方法不仅可以同时检验中介效应和调节效应，而且可以根据调节变量的变化来判断中介效应的变化，避免了分层回归分析中，割裂了中介效应或调节效应所造成的统计结果偏差（刘超，刘新梅，2017）。层次回归方程如下式所示：

$$R\&D_{it} = e_0 + e_1 Gov_{it} + e_2 Abs_{it} + e_3(Gov_{it} \times Abs_{it}) + \varphi Control_{it} + \mu_5 \qquad （3-4）$$

$$InP_{it} = d_0 + d_1 Gov_{it} + d_2 R\&D + d_3 Abs_{it} + d_4(R\&D_{it} \times Abs_{it}) + \varphi Control_{it} + \mu_5 \qquad （3-5）$$

式中：c、d 为待估计参数；Abs 为吸收能力，其他符号与前文保持一致。

3.3.2　变量定义

被解释变量：创新绩效（InP）。专利代表了知识产权，是主要的技术信息源（陈恒，侯建，2016），包含了90% ～95%的世界科技技术信息，专利是衡量企业创新活动产出的常用指标（刘督，万迪昉，2016）。各企业专利数据相对较容易获得、准确、完整，且较少受到授权审查机构的干扰，较客观地体现企业的创新活动。借鉴Hirshleifer（Hirshleifer，Hsu，2013）、其格其等人的研究以专利申请量作为衡量企业创新绩效的指标（其格其，高霞，2016）。

解释变量：政府补贴（Gov）。政府补贴包括政府的直接资助和间接资助（郭迎锋，顾炜宇，2016）。本研究所述政府补贴是指政府对企业的直接资金支持。

中介变量：企业研发投入（$R\&D$）。企业投入是指企业用于研发的资金投入和研发人员投入（钟祖昌，2013），本研究主要探讨企业研发资金对创新绩效的影响，因此本研究所述企业投入指企业内部直接用于研发的资金数量。

调节变量：吸收能力（Abs）。吸收能力的测量方式在学术上存在一定程度的争议。近年来，一些学者倾向于采用人力资源等相关指标来测量（吴晓波，陈颖，2010）。本研究参照Gkypali和Arvanitis的研究，采用接受高等教育员工的数量占总员工数量的比例来衡量企业的吸收能力（Gkypali，Arvanitis，2018）。

控制变量：根据刘超（刘超，刘新梅，2017）、张秀峰（张秀峰，陈光华，2015）、王建（王建，胡珑瑛，2015）、Hochleitner（Hochleitner，Arbussà，2017）等人的研究，选择企业性质（natu）、企业年龄（Age）、企业规模（Size）、资产负债率（Lev）、地区（Are）和企业所属行业（Indus）等作为控制变量。变量定义及计算方法详见表3-1。

表 3-1　主要变量符号及定义

变量类别	变量名称	符号	含义
自变量	政府补贴	Gov	企业当年获得的政府研发补助资金总数并取对数
因变量	创新绩效	InP	企业拥有的发明专利申请数量加1并取自然对数
中介变量	企业投入	R&D	企业投入的研发资金总数并取自然对数
调节变量	吸收能力	Abs	企业接受高等教育人数占总员工比例
控制变量	企业性质	natu	企业性质分为私企、合资或国有控股虚拟变量
	企业年龄	Age	自企业上市起至统计日止的时间长度
	企业规模	Size	企业年平均总资产的自然对数
	资产负债率	Lev	企业年末总负债 / 总资产
	地区	Are	企业所在地区虚拟变量
	行业	Indus	企业所属行业

3.3.3　数据来源

本研究以创业板上市公司为研究对象，采用2009~2016年的面板数据作为研究样本。原因在于：第一，在创业板上市的公司大多是高新技术企业，具有较高的成长性，并且更加关注创新活动，是重要的政府补贴对象。第二，创业板上市公司关于政府补贴和企业投入的相关数据较为全面、完整，有利于研

究目标的实现。数据筛选原则：剔除没有检索到专利的公司；剔除标注为ST、
*ST、PT的上市公司；剔除数据严重缺失的上市公司；剔除公司IPO当年的数
据。共获得240家公司的1154个有效样本观察值。通过手工查阅这些企业的年
报，获得政府补贴、企业投入和企业接受高等教育人员的数量与企业员工数量
等数据。专利相关数据来源于国家知识产权局网站。公司的其他数据来自国泰
安（CSMAR）数据库。

3.4 实证结果及分析

3.4.1 变量的描述性统计分析

表3-2给出了各主要变量的描述性统计分析结果，包括均值、标准差、最
小值、中位数和最大值。为消除异常值可能对回归分析造成的影响，本研究在
进行其他统计分析前对主要变量两端各1%进行了winsorize处理。

表3-2 主要变量的描述性统计分析

变量	N（样本量）	均值	标准误	最小值	中值	最大值
InP	1154	0.961	0.420	0.301	0.954	2.579
Gov	1154	6.799	0.506	3.398	6.827	8.314
$R\&D$	1154	7.459	0.365	5.953	7.445	8.906
Abs	1154	0.225	0.166	0	0.173	0.920
$natu$	1154	1.396	0.465	0	2	3
Age	1154	0.590	0.177	0.301	0.602	0.954
$Size$	1154	9.128	0.286	8.488	9.088	10.26
Lev	1154	0.231	0.149	0.0110	0.196	0.770
Are	1154	0.653	0.347	0	1	1

表3-3给出了各主要变量的相关分析结果，可以看出各变量间的相关系数
均小于0.75，呈现中等程度的显著相关性，这表明各变量之间不存在明显的多
重共线性问题。

表 3-3 主要变量的相关性统计分析

变量	1	2	3	4	5	6	7	8
InP	1							
Gov	0.362***	1						
R&D	0.542***	0.476***	1					
Abs	0.123***	0.168***	0.200***	1				
natu	0.293***	0.339***	0.544***	0.078***	1			
Age	0.248***	0.158***	0.370***	0.170***	0.366***	1		
Size	0.349***	0.313***	0.685***	0.200***	0.572***	0.428***	1	
Lev	0.157***	0.118***	0.281***	0.222***	0.196***	0.396***	0.539***	1
Are	0.396***	0.396***	0.678***	0.074**	0.478***	0.433***	0.514***	0.452***

注 ***、**、*分别表示变量在 1%、5%、10% 的水平上显著。

3.4.2 中介效应的检验

运用层次回归分析的统计结果见表 3-4，模型 1 是中介变量对自变量的回归；模型 2 是因变量对自变量的回归；模型 3 是在空中了自变量的情况下，因变量对中介变量的回归分析。由模型 1 可以看出，政府研发资助对企业研发投入有显著的正向促进作用（β =0.1581，$p<0.01$），从而支持了假设 H1。有模型 3 可以看出，在空中了政府补贴的前提下，企业研发投入对创新绩效的正向促进作用依然显著（β =0.5569，$p<0.01$），因此假设 H2 获得数据支持，即企业研发投入企业创新绩效有显著的促进作用。由模型 2 可以看出，政府补贴对创新绩效的直接效应显著（β =0.1934，$p<0.01$）。因此，综合模型 1、2 和模型 3 可以得出，企业研发投入在政府补贴和企业创新绩效间起中介作用，假设 H3 获得实证数据的支持。

运用基于 Bootstrap 法的中介效应检验方法对中介效应进行研究所得到的检验结果见表 3-4。总效应、直接效应和中介效应分别为 0.1934、0.1054 和 0.0880，在进行 5000 次抽样后，中介效应 99% 的置信区间为（0.0640，0.1220），不包含 0，所以研发投入的中介效应在 0.010 的置信水平下是显著的，从而进一步验证了研究假设 H3。

表 3-4 中介效应检验

变量	模型 1		模型 2		模型 3	
	R&D		*InP*		*InP*	
	β	*t*	β	*t*	β	*t*
Gov	0.1581***	10.33	0.1934***	7.962	0.1054***	4.426
R&D					0.5569***	12.61
natu	0.1101***	5.711	0.0474*	1.547	−0.0140	−0.4803
Age	0.1284***	2.785	0.2109***	2.882	0.1395***	2.027
Size	0.3193***	7.272	0.3142***	4.507	0.1364***	2.041
Lev	−0.2693***	−4.628	−0.1128**	−1.221	−0.0371*	−0.4252
Are	0.3842***	9.710	0.0687*	1.093	0.2687***	0.1453
C	−5.7229	−2.858	−4.274***	−10.64	−3.872***	−10.25
Indus	控制		控制		控制	
Obs	1154		1154		1154	
R_2	0.2198		0.3158		0.5907	
Adj-R₂	0.2157		0.3116		0.5886	
F 统计量	73.05***		53.30***		74.78***	
用 Bootstrap 法验证中介效应	总效应		直接效应	中介效应	99% 的置信区间	
Gov-R&D-InP	0.1934		0.1054	0.0880	[0.0640,0.1220]	

注 ***、**、* 分别表示变量在 1%、5%、10% 的水平上显著，双边检验，Bootstrap=5000。

3.4.3 调节的中介效应的检验

在进行调节的中介效应检验前，本研究对数据进行了标准化处理，调节的中介效应的检验结果见表3-5。研究假设 H4 认为吸收能力促进企业研发投入与创新绩效的关系，表3-5的统计分析结果表明，吸收能力的调节效应显著，即企业研发投入与吸收能力的交互项显著（β=0.1758，$p<0.01$）。为了更为直观地说明吸收能力的调节作用，本研究将吸收能力分为高、中、低三组，并给出了企业投入与吸收能力交互作用的简单斜率图。由图3-3可以看到，三条交叉线的趋势较为明显，这表明吸收能力在企业投入与创新绩效间有着明显的调

节作用。具体而言，与低吸收能力的企业相比，在高、中吸收能力的情况下，企业投入对创新绩效的影响更为明显；在高吸收能力的情况下，企业投入对创新绩效的影响比中吸收能力的企业更强，与预期相符，因此假设H4获得数据支持。假设H5认为吸收能力正向调节企业投入的中介效应，我们在三种吸收能力水平下（M，$M \pm \delta$）检验政府补贴对创新绩效的企业创新绩效的影响，即企业投入的中介效应，表3-5的统计结果表明，当吸收能力分别为0.0587、0.2251和0.3914时，企业研发投入的中介效应分别为0.0526、0.0761和0.0963，在进行5000次抽样后，中介效应99%的置信区间分别为［0.1384，0.2310］、［0.1455，0.2204］和［0.1256，0.2304］均不包含0，即中介效应在三种吸收能力水平下均显著。进一步分析可知，当吸收能力从0.0587增加到0.3914时，中介效应的增加量为0.0963－0.0526＝0.0437，即企业投入的中介效应随着吸收能力水平的增加而增加，因此，根据Preacher等人的理论分析可以认为，吸收能力正向调节企业投入的中介效应，即研究假设H5获得支持。

表3-5　调节的中介效应检验

	变量	回归系数	标准差	t 值	显著性
中介变量模型	Gov	0.3340	0.2044	0.1384	0.000
	Abs	0.4141	0.7423	0.5579	0.000
	$Gov \times Abs$	0.0206	0.1069	0.1930	0.0470
	$Control$	控制	控制	控制	控制
因变量模型	Gov	0.2218	0.0325	0.8424	0.000
	$R\&D$	0.5467	0.0347	1.5670	0.000
	Abs	0.1825	0.8147	2.2829	0.000
	$R\&D \times Abs$	0.1758	0.1173	2.3036	0.000
	$Control$	控制	控制	控制	控制
调节的中介效应检验	$R\&D$	间接效应	Z 值	99% 的置信区间	
	0.0587（均值减去一个标准差）	0.0526	0.0237	［0.1384，0.2310］	
	0.2251（均值）	0.0761	0.0190	［0.1455，0.2204］	
	0.3914（均值加上一个标准差）	0.0963	0.0232	［0.1256，0.2304］	

注　***、**、* 分别表示变量在1%、5%、10%的水平上显著，双边检验，Bootstrap=5000。

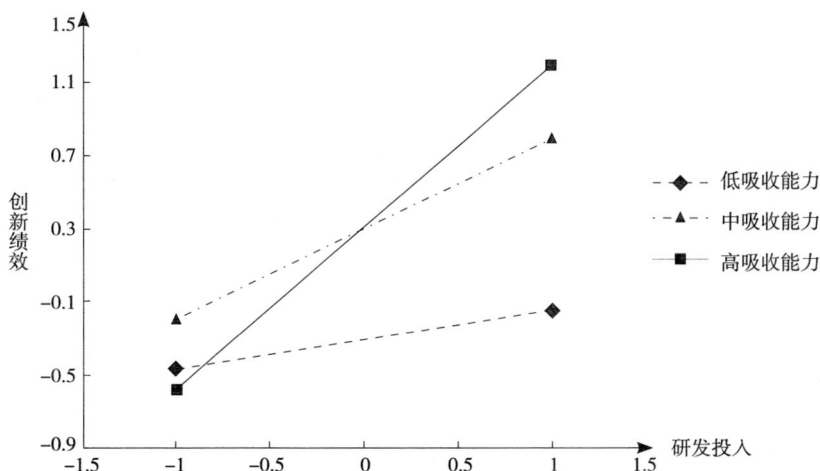

图3-3 吸收能力的调节作用示意图

3.5 结论讨论与启示

3.5.1 主要研究结论

本研究选取了2009～2016年在中国创业板上市的240家公司的面板数据，采用多元回归分析的方法。分析了政府补贴、企业投入、创新绩效和吸收能力之间相互作用关系。研究发现，政府补贴和企业投入对创新绩效的影响关系并非单纯的直接影响关系，而是存在着较为复杂的相互作用关系。主要结论为：

（1）政府研发资助通过企业研发投入促进了企业创新绩效的提升，即企业研发投入在政府补贴和企业创新绩效间起中介作用。即政府补贴对企业投入有正向促进作用；政府补贴和企业投入对创新绩效均有显著的促进作用；企业研发投入在政府补贴和创新绩效间起中介作用。这一结论拓展了Wallsten、李平等人的研究结论。不同点在于，Wallsten认为，政府补贴对企业创新活动没有显著影响（Wallsten，2000）；李平等人的研究则认为，政府补贴对创新绩效存在负面效应（李平，刘利利，2017）。本研究的研究结果表明政府补贴和企业投入不仅直接正向促进企业创新绩效，而且政府补贴还通过企业投入正向影响企业创新绩效。

（2）企业研发投入与企业创新绩效之间的关系受到企业吸收能力的影响，即企业吸收能力正向调节了企业研发投入对企业创新绩效的影响。吸收能力与企业投入的交互作用对企业创新绩效有显著的促进作用，即吸收能力正向调节企业投入对创新绩效的影响。这一发现进一步拓展和补充了李显君等关于吸收能力在企业创新过程中作用的研究。李显君等的研究结论认为，吸收能力对创新绩效有显著的正向影响（李显君，钟领，2018）。本研究的研究结论表明，由于吸收能力可以帮助企业获取、吸收、转化和利用企业内外部资源并将其转化为创新成果，因此，吸收能力不仅正向促进企业创新绩效的，而且正向调节企业研发投入对创新绩效的影响。与低吸收能力的企业相比，具有高吸收能力的企业，其企业投入对创新绩效的影响更加明显，即吸收能力促进企业研发投入对创新绩效的影响。

（3）企业研发投入在政府补贴和企业创新绩效间的中介效应受到吸收能力的调节，即吸收能力调节了企业投入在政府补贴和创新绩效间的中介效应。当组织吸收能力增强时，政府补贴才能更好地通过企业研发投入来提升企业的创新绩效。该结论与以往的研究有所不同，以往研究在考察吸收能力对创新绩效的影响时，将吸收能力作为自变量的有刘超等（刘超，刘新梅，2017），作为中介变量有付静和朱桂龙（付敬，朱桂龙，2014），研究其对创新绩效的影响。而本研究将吸收能力作为调节变量，研究其对中介效应的调节。本研究的实证结果表明，吸收能力作为调节变量，促进了企业投入在政府补贴和创新绩效间中介效应的关系。即随着企业吸收能力的增强，其企业投入在政府补贴和创新绩效间的中介效也随之增强。此外，由于政府补贴作为企业创新的重要外部资源获取渠道，因此，该结论从实证的角度进一步验证了资源依赖理论中，企业各种资源在创新过程中作用的分析。高吸收能力的企业能够更好地利用企业各种资源，提升创新绩效。

3.5.2 研究启示

在以国家创新区域发展战略和经济增长模式由粗放型向集约型增长为标志的新常态创新背景下，增强政府补贴和企业研发投入对创新绩效的影响，挖掘企业创新潜力，以实现企业高速发展，是支撑我国企业持续健康发展，摆脱全球产品生产价值链"低端依赖"、实现由"中国制造"到"中国智造"提升的关键。本研究对如何推动创新驱动发展战略，提升我国企业技术创新水平具有重要的政策和管理启示。

（1）政府应完善政府补贴对企业投入的引导作用。研发支出相当于企业投入的大额固定成本，有能力进行大规模研发的企业数量较少，从而导致市场的不完全竞争，影响资源分配的效率（陈玲，杨文辉，2016）。因此，政府应引导企业的创新活动，使创新投入逐步成为企业的自主行为。扩大政府对企业研发资助规模的同时，应考虑政府补贴对创新绩效的影响效率。政府应明确其资助目标是提升企业的自主创新能力，制定有针对性的政府研发资助计划，重点资助研发基础相对薄弱且有创新潜力和资源转化吸收潜力的公司，增强对有类似目标需求并拥有相应资源能力的企业的资助，通过目标协同来共同推动政府补贴对创新绩效的正向作用的发挥。构建政府补贴的事前预估—事中考核—事后评价的目标考核系统，以确保政府补贴促进创新绩效目标的实现。

（2）企业应继续发挥其在创新过程中的主导作用。企业在接受政府补贴的同时，应保持创新活动的自主性，积极营造有利条件，提升企业的创新水平。在加大研发投入力度的同时，应同时加强企业研发人才队伍建设和组织架构建设，提升企业对各种资源的利用效率。由于吸收能力正向调节了企业投入对创新绩效的影响，因此，企业应加强对各种资源的整合能力，以最大程度的增强企业投入和吸收能力对创新绩效的影响。

（3）注重企业研发投入与企业吸收能力的协调提升。由于吸收能力正向调节了企业研发投入在政府补贴和企业创新绩效间的中介作用，因此，企业不仅要加强对外部资源内向转化为企业研发资源，提升政府补贴资金的利用效率以传导企业研发投入对创新绩效影响的能力，同时还应提升吸收能力，即企业获取、吸收、转化和利用企业内外部资源并将其转化为创新成果的能力在增强企业研发投入的传导作用，最大程度增强政府补贴对创新绩效的影响。

第 4 章

专利对企业绩效的
影响机制

4.1 问题的提出

专利作为技术研发成果的重要载体，记载了世界各国的新技术、新工艺、新方法及新的科技与市场发展动态，已经成为一个企业、国家或地区技术资产中兼具科研价值和经济价值的重要组成部分（谷丽，郝涛，2017；马廷灿，李桂菊，2012）。随着国家知识产权战略和创新驱动发展战略的不断推进，我国专利申请量大幅度提升。根据国家知识产权局公布的数据显示，2016年我国发明专利申请受理量为133.9万件，相当于美国、欧洲、韩国和日本的总和，连续六年位居世界首位。中国专利申请数量的不断增加，不仅引起国内学者的关注，也引起了国外人士的质疑。美国哈佛大学法学院副研究员Viek Wadhwa认为，中国专利的申请过于追求专利数量而非专利质量（朱雪忠，2013）。我国专利"大而不强，多而不优"的问题仍然比较突出。基于此，国务院于2015年12月颁发了《关于新形势下加快知识产权强国建设的若干意见》明确提出，要加强知识产权人才的队伍建设，贯彻落实专利质量提升工程，实现专利的从大到强，从多向优的转变。据世界知识产权组织（World Intellectual property organization，WIPO）统计，专利文献包含了人类创造的95%的科学技术成果。有效地实施和运用现有专利信息，可以有效缩短研发周期，节省研发费用（Jin，Feng，2011）。由此可见，提升专利质量、有效实施、开发和运用专利，并使之转化为企业的财务效益，对于增强企业乃至国家的自主创新能力和国际竞争力，都具有重要的现实意义。那么，专利是否有效地促进了企业绩效的提升？不同行业之间专利对企业绩效的影响是否存在不同？它们之间的关系是否受其他因素的影响？本章通过实证分析回答上述问题，不仅可以丰富该领域的理论研究成果，而且可以为企业技术创新管理和知识产权管理提供实证依据。

现有关于专利与企业绩效关系的研究中，主要从专利数量层面考察专利与企业绩效之间的关系，如Andries和Faems通过对比大型企业和中小企业的方法，研究了专利申请量与企业绩效之间的关系（Andries，Faems，2013）；李忆等人以130家高科技公司为研究对象，研究了发明专利和实用新型专利数量与绩效的关系（李忆，马莉，2014）。在对专利质量与企业绩效关系的研究中，大多数学者以专利引用量指标来衡量企业专利质量的高低。如Chang、Chen

等以专利引用相关指标作为专利质量的衡量指标来研究其对企业绩效的影响（Chang，Chen，2012；Y S Chen，Chang，2009，2010）。在以我国企业为研究样本时，很难采用专利引用指标来衡量企业专利质量：一方面是目前我国没有较为权威的专利引用数据库，专利引用指标较难获取；另一方面则是专利引用数量本身受时间约束较强，比如一项质量较高的新授权发明专利，其引用数量很难较为客观地衡量该件专利的质量。目前在专利与企业绩效之间关系的文献中，多以单个行业为研究对象，探讨专利数量或专利质量与企业绩效的关系，如刘小青和陈向阳东则以电子信息产业为研究对象，研究申请量和授权量对企业绩效的影响（刘小青，陈向东，2010）；Toro和Guillermo以生物医药企业为目标样本，研究专利质量与企业绩效之间的关系（Toro，Guillermo，2013）。不同行业对专利的态度存在明显不同，这种差异可能会导致不同行业专利对企业绩效影响的差异，而目前研究缺乏不同行业间专利对企业绩效影响差异的研究。此外就目前的研究来看，专利对企业绩效的影响以及企业创新能力在专利与企业绩效间的调节作用仍然没有被明确揭示。为全面考察专利数量和专利质量对企业绩效的影响，以及企业创新能力在此过程中的作用。本章选用2009~2016年中国创业板上市的公司为样本，采用聚类分析的方法按照要素密集度对行业进行分类，运用Hechman二阶段模型分析不同行业间专利数量和专利质量对企业绩效影响的差异。以弥补现有研究的不足，同时为中国企业研发投资管理、知识管理和知识产权管理提供理论参考和实证依据。

4.2 理论分析与研究假设

4.2.1 专利与企业绩效关系分析

专利权是指专利权人在法律规定的范围内，独占使用、获取收益、处理其发明创造，并排除他人干涉的一种权利。因此，从这个角度来说，专利权是一种专利权人排除他人干涉获取收益的权利。2018年颁布的《会计准则》规定，企业所拥有或控制的没有实物形态的可辨认的非货币性资产被称为无形资产。即无形资产的特征分为三个方面：无实物形态；可辨认；非货币性。

因此从这个角度来看，专利又是企业的无形资产。我国《专利法》规定，被授权的发明或实用新型专利需具有新颖性、创造性和实用性。其中，新颖性是指该专利不属于现有技术，同时该项专利在申请日之前没有任何单位或个人向国务院专利行政部门提出过申请；创造性是指，该项专利技术与现有技术相比具有突出的实质性特征和显著的进步性；实用性是指该项专利能够制造或使用，并产生积极的效果。因此，被授权的专利是企业能够独占使用并获取收益的权利，同时也是企业最具价值无形资产，代表了企业的核心竞争力（崔也光，赵迎，2013）。专利质量按照不同的分类方法其分类结果有所不同，专利的创造质量、专利文本的撰写质量、专利的法律质量和经济质量等（宋河发，穆荣平，2014）。其中，专利的创造质量一般也被称为专利的客观质量，是由专利本身的性质所决定，即由专利本身的创造性或进步性所决定。Bruno 指出，专利的创造性即为可专利性，是决定专利质量高低的关键因素，缺乏创造性或创造性低的专利很难被授权（Saint Georges，2013）。无法授权的技术就无法获得法律上的保护，不仅很难从该项技术中获得经济效益，同时在该项技术上的研发开支也很难收回。专利的撰写质量一般包括说明书的撰写质量、权利要求数的撰写质量很和说明书对权利要求数的支持程度。说明说撰写质量越高的专利则越容易被授权，而权利要求则反映了该项专利保护的技术范围。范围恰当的专利能够更好地保护该项技术，进而为企业带来经济利益。而专利的法律质量则是指，专利是否能够有效地免受侵权或者一旦发生侵权行为能够依据专利权利进行维权的属性。而专利的经济质量则是指实施专利所获取的经济利益，具有较高经济质量的专利，可实施性较强。此外，质量越高的专利在转让或许可时，所获取的转让费也越高。因此，从专利质量的角度来看，专利又具有技术性。以上分析表明，专利既有权利属性，同时也具有资产和技术属性，而无论是专利的权利属性技术属性还是资产属性，都可以以不同的方式为企业带来经济利益。基于此，提出如下假设：

假设H1：专利数量和专利质量对企业绩效均有显著正向影响。

4.2.2　不同行业专利对企业绩效的影响分析

按照不同的目的或行业划分标准对企业或组织机构进行行业划分，企业或组织机构所属行业存在明显的不同。不同行业由于其所开发的产品和业务的不同，其所关注的技术领域及对专利数量或专利质量的依赖程度也有所不同。如信息基础产业主要从事计算机、通信和其他电子设备制造，因此其所关注最多的应是计算机、通信和其他电子设备制造相关领域的专利技术；而生物医药产业则更多的关注药品的开发与制造等相关领域的专利技术。已有文献表明不同行业专利对企业绩效的影响存在明显不同。刘小青和陈向阳东则以电子信息产业为研究对象，其研究结果表明，专利数量和对企业绩效有显著的促进作用（刘小青，陈向东，2010）。Artz以美国1986~2004年35个行业272家公司面板数据为研究对象，其结果表明专利数量与资产收益率和销售增长率负相关（Artz，Norman，2010）。李仲飞和杨亭亭以我国355家12个行业的上市公司为研究样本，并将样本分为"高科技"组和"传统组"，其研究结果表明，专利质量对高科技组公司的投资价值促进更为明显。Chang和Chen以1996~2009年的42家医药企业为研究样本，其研究表明，专利质量的专利H指数（Patent H Index）和必要专利指数（Essential Patent Index，EPI）对企业绩效有显著影响，而当前影响指数（Current Impact Index，CII）对企业绩效影响不显著。Lanjouw和Schankerman以1980~1993年美国制造业企业为研究样本，以专利权力要求数量、引用量、专利家族、技术领域等作为衡量专利质量指标，其研究结果表明，专利质量对不同的制造领域的企业市场价值影响存在显著差异。以上分析表明，不同行业所关注的技术领域的差异和对专利依赖程度的差异，由此导致专利对企业绩效影响存在行业差异。基于以上分析，提出如下假设：

假设H2：在不同行业专利数量和专利质量对企业绩效的影响存在明显差异。

4.2.3　创新能力的调节效应分析

企业创新能力是指企业通过协调公司行为、流程和战略意图等之间的关系，利用企业创新资源开发新产品或开拓新市场并将企业现有创新成果进行商业化以产生财务绩效的能力。已有学者就创新资源存量、创新绩效与企业绩效之间的关系进行了探索性研究。邓进以15个高新技术行业为研究样本，研究结果表明在高新技术企业，研发资本存量对企业的新产品销售收入具有显著的促进作用（邓进，2007）。吴玉鸣以1999~2008年的省级面板数据为研究对象，研究结果表明，研发资本存量对企业的创新绩效具有显著的促进作用（吴玉鸣，2015）。Moreno等以欧洲17个国家175个地区的制造业为研究对象，研究结果发现制造业内部的研发支出对区域创新具有显著的正面影响（Moreno，Paci，2005）。Cabrer Borrás和Serrano Domingo以西班牙1989~2000年的17个区域的面板数据为研究对象，其结果表明区域自身的研发投入及人力资本的积累对区域创新具有明显的促进作用。Zhang以1995年中国工业普查大中型工业企业的截面数据为研究对象，其结果表明，研发资本支出与知识的积累对新创绩效新产品的弹性为0.39和0.30（Zhang，Zhang，2003）。无论是企业研发资本的积累还是知识的积累都对企业创新和绩效的提升发挥着重要的作用。根据《企业会计准则》的有关规定，企业内部研究与开发项目的支出，应当区分研究阶段支出和开发阶段支出。研究支出是指为获得并理解新的科学或技术知识而进行的独创性的有计划调查。而开发支出则是指在进行商业性生产或使用前，将研究成果或其他知识用于某项计划或设计，以生产出新的或具有实质性改进的材料、装置、产品等。因此，研发资本的积累和知识的积累作为创新能力的表现形式，在企业将创新成果进行商业化以产生财务绩效的过程中发挥重要作用。

以上分析表明，企业的创新能力对企业创新和企业绩效有重要影响。专利作为企业技术创新的主要成果，企业获取专利的主要目的是通过专利的转让、授权、许可或实施等方式为企业获取财务上的收益。对于部分企业来说，专利的内部实施是主要获益方式。而专利的实施需要企业内部资源整合和将创新成果商业化的能力。有理由推断，创新能力在专利与企业绩效间具有显著的调节作用。基于此，提出如下假设：

假设H3：创新能力对专利与企业绩效间的关系有显著正向调节作用。

综上所述，本章的核心在于探索专利对企业绩效的影响、专利对企业绩效影响的行业差异以及创新能力在上述过程中的作用。基本的概念模型如图4-1所示。

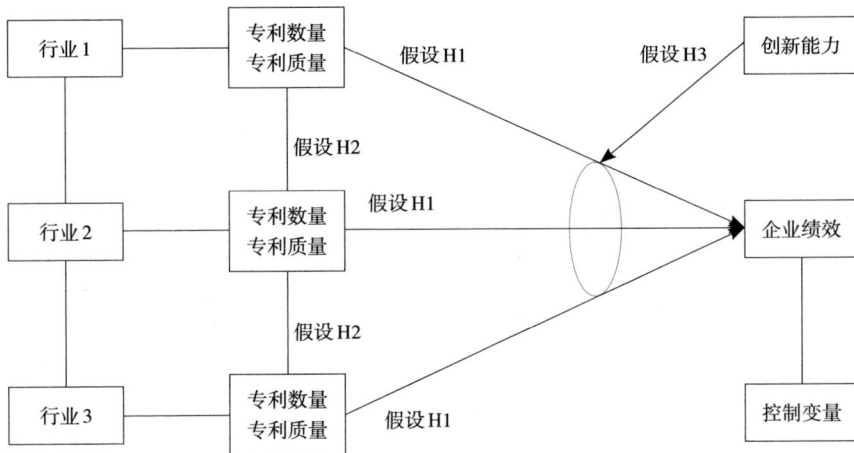

图4-1 研究二的理论模型图

4.3 模型、方法和变量设置

4.3.1 模型设置

本章研究的主要目的是从专利数量和专利质量考察创新绩效对企业绩效的影响以及不同行业间专利数量和专利质量对企业绩效影响的差异。基于此研究目的，借鉴以往研究建立如下模型：

4.3.1.1 专利与企业绩效

为考察专利相关指标对企业绩效的影响，通过借鉴刘小青和陈向东计量模型的设置（刘小青，陈向东，2010），并参考Chang等的研究（Chang，Chen，2012；Y S Chen，Chang，2010），构建如下专利质量对企业绩效影响的计量模型：

$$Fipe_{it} = C + a_1 Papl_{it} + a_2 Pauth_{it} + a_3 Ptime_{it} + a_4 PInve_{it} + a_5 Controls_{it} + \varepsilon_1 \quad （4-1）$$

其中，C 为常数项；a 为各自变量和控制变量的回归系数，用来表示自变量和控制变量对企业绩效的影响（当 a 显著为正时，表明该指标有助于企业绩效的提升；当该系数 α 显著为负时，表明该专利指标对企业绩效有不利影响；当 α 不显著时，则该指标对企业绩效无显著影响）；$Fipe_{it}$ 为企业绩效；$Papl$ 为发明专利申请量；*Pauth* 为发明专利授权率；*Ptime* 为发明授权专利平均维持时间；*PInve* 为发明授权专利占比；$Controls_{it}$ 为控制变量，包括企业性质（*Natu*）、行业性质（*Indus*）、企业规模（*Size*）、企业年龄（*Age*）、资产负债率（*Lev*）、销售费用（*Sexp*）等；ε 为随机误差项；i 为企业；t 为时间。

4.3.1.2 不同行业专利相关指标对企业绩效影响的差异

本研究将样本分为技术密集型、资本密集型和劳动密集型行业，在进行子样本回归分析时，可能会存在样本选择性偏误以及由于样本自选择可能产生内生性问题。为了克服这些问题。在回归分析时采用 Heckman（Heckman，1979）开发的赫克曼二阶段模型 / 赫克曼二阶段备择模型（Heckman Selection Model）来解决样本选择性偏误和由于样本的自选择而可能产生的内生性问题。第一阶段，用 Probit 模型来估计在不同行业中，选择该行业的选择函数，其方程可定义为：

$$\omega = b_0 + b_1 x_1 + b_2 x_2 + \cdots + b_i x_i + \mu \tag{4-2}$$

式中：ω 为选择该行业的概率值；x_i 为一系列影响选择该行业的因素；b_i 为待估计系数，表示变量 x_i 每增加或减少一个单位，选择 ω 行业的增加或减少的可能性；μ 为残差项。通过行业选择函数可以计算出每一个观察值所对应的 *IMR*，用 λ 来表示：

$$\lambda = \varphi(\varpi) / \varPhi(\varpi) \tag{4-3}$$

式中：$\varphi(\varpi)$ 和 $\varPhi(\varpi)$ 分别为 *Probit* 模型对应的概率密度函数和概率累积分布函数。

第二阶段，将 *IMR* 作为变量，构建影响企业绩效的影响因素分析模型，消除样本选择偏误，获得可靠的系数估计值。

企业绩效影响因素的估计采用如下模型，即：

$$Fipe_{it} = c_0 + c_1 x_1 + c_2 x_2 + \cdots + c_i x_i + \delta \lambda + \omega \tag{4-4}$$

式中：x_i 为一系列影响企业绩效的解释变量和控制变量；β_i 为变量 x_i 的系数估计值；λ 为第一阶段所获得的 *IMR*；δ 为 λ 的系数估计值；ω 为残差项。假设 ω 符合随机正态分布，模型（4-4）可采用常用的回归分析方法进行估计。

4.3.1.3 创新能力的调节作用

为考察专利数量和专利质量促进企业绩效的渠道，参考 Hirshleifer 的研究及马文聪、刘督等人对模型的设置（Hirshleifer，Hsu，2012），利用创新能力与专利数量和专利质量的交互项，来考察其在专利数量和专利质量影响企业绩效过程中的作用。构建如下计量模型：

$$Fipe_{it} = C + \sum_{1}^{4} a_j Patent_{itj} + d_2 RDCS_{it} + \sum_{5}^{9} a_k Controls_{itk} + \varepsilon_i \qquad （4-5）$$

$$Fipe_{it} = C + \sum_{1}^{4} \alpha_j Patent_{itj} \times RDCS_{it} + d_2 RDCS_{it} + \sum_{5}^{9} \alpha_k Controls_{itk} + \varepsilon_i \qquad （4-6）$$

$$Fipe_{it} = C + \sum_{1}^{4} \alpha_j Patent_{itj} + d_2 KnSt_{it} + \sum_{5}^{9} \alpha_k Controls_{itk} + \varepsilon_i \qquad （4-7）$$

$$Fipe_{it} = C + \sum_{1}^{4} \alpha_j Patent_{itj} \times KnSt_{it} + d_2 KnSt_{it} + \sum_{5}^{9} \alpha_k Controls_{itk} + \varepsilon_i \qquad （4-8）$$

式中：d 为调节变量的系数，其他符号与前文一致；$RDCS$ 为研发资本存量；$KnSt$ 为知识存量；j 表示第 j 个专利指标；k 表示第 k 个控制变量。其他变量的含义和表示方法与前文保持一致。

需要指出的是，为保证计算结果的准确性，文中所选指标均为正向指标，即越大越好。在对原始数据进行处理时，为避免由于量纲不一致而对统计结果造成的影响，在进行回归分析前借鉴冉伦等的研究对数据进行了标准化处理（冉伦，李金林，2005）。处理方法如式（4-9）所示：

$$Y_i = (X_i - \overline{X_i}) / S_i \qquad （4-9）$$

式中：Y_i 为标准化后的观察值；X_i 为原始数据观测值；$\overline{X_i}$ 为原始数据 X_i 的平均值；S_i 为 X_i 表示样本标准差。

4.3.2 因变量

企业绩效（FiPe）在财务上是指企业在一定会计期间的经营成果。企业绩效水平主要表现在企业该会计期间内的盈利能力、资产运营状况、偿债能力以及后续的发展能力等方面。企业的运营能力主要通过..企业的经营者在对企业运营管理的过程中，企业的经营、成长和发展所取得的各项成果来体现。目前，评价企业绩效的指标较多。本章所研究的企业绩效主要为企业的财务绩效，一些学者采用企业的经营能力来衡量企业的财务绩效。如Chae、胡明霞等以企业一个会计期间的营运利润、利润率作为企业绩效的衡量指标（Chae，Koh，2014；胡明霞，2015）；Lahiri采用企业在一个会计期间的净利润来衡量企业绩效（Lahiri，Narayanan，2013）；Mollick、Mann、Lee等则采用企业在一个会计期间的营业收入来衡量企业绩效（B Lee，Cho，2015；Mann，Sager，2007；Mollick，2012）。另一些学者，如王春豪、戴小勇、于洪彦等人用总资产回报率和净资产回报率来衡量企业绩效（戴小勇，成力为，2014；王春豪，张杰，2017；于洪彦，黄晓治，2015）。借鉴以往研究采用营业利润（REV）和资产回报率（ROA）来衡量企业绩效。

4.3.3 自变量

4.3.3.1 专利数量

本章所述发明专利申请量（Papl）是指，企业在一个会计年度提交给专利审查机构的发明专利的数量。Ernst的专利组合理论运用专利活动与专利质量作为企业专利评价指标，以专利申请量作为企业专利组合中专利活动指标，认为专利申请量多的企业更富有创新性和开拓性，其企业价值也更高（Ernst，2001；Ernst，Omland，2011）。专利申请量不仅反映了企业专利数量的多少，同时还反映了企业创新的活跃程度，公司年专利申请量越多，则表明该企业的创新活动越活跃（Ernst，1998，2001）。刘小青和陈向东通过对中国电子信息百强企业的实证研究表明，企业专利活动越活跃的公司其企业绩效越好（刘小青，陈向东，2010）。Liu和Chen等人以1999~2007年的中国IT排名前100企业为样本，其研究结果表明专利的申请量能够有效促进企业的营业收入（X Q Liu，Chen，2010）。本研究借鉴以往研究将发明专利申请量作为企业专利数量指标。

4.3.3.2 专利质量

目前，评价专利质量的指标较多。在评价专利质量的众多指标中，包含单个专利质量指标和机构专利质量指标（马廷灿，李桂菊，2012；宋河发，穆荣平，2010）。本章以企业为研究对象，因此在选择专利质量指标时，以机构专利质量指标为筛选原则，单件专利质量应予以排除。此外，本章的研究目的之一是探索企业专利质量与企业绩效的关系。因此，根据以往有关专利质量的研究以及本研究研究的目标，在进行专利质量指标选取时除排除单个专利质量指标外。此外，在进行专利质量指标选取时，同时考虑以下三个因素：专利质量指标的可量化性；专利质量指标是否被学者普遍运用；专利质量指标数据获取的难易程度。

基于本章的研究目的和以往对机构专利质量评价常用指标的设定，考虑以下三项专利属性作为衡量企业专利质量的指标：

（1）发明专利授权率（Pauth）。一个企业要获得一项技术的发明专利，一般需要通过专利申请书的撰写并将专利申请书提交专利审查机构、初审、公开、实质审查和授权等几个环节。如果不能通过审查，则驳回专利申请，即不是所有申请的专利都能最终被授权。发明专利是在三类专利（发明专利、实用新型专利、外观设计专利）中技术含量最高、价值最大且保护期限最长的专利，其质量也相应最高（李仲飞，杨亭亭，2015）。Griliches最早提出授权专利平均质量的概念，并认为专利授权率反映了一个国家授权专利的平均质量水平（Griliches，1990）。宋河发等认为，发明专利授权条件满足程度越高，则相企业整体专利质量越高，即授权专利数量占总申请专利数量的比例越高，该企业专利的平均水平越高（宋河发，穆荣平，2014）。可以预期专利授权率反映了一个企业专利的平均水平，专利授权率越高，对企业绩效的影响应该也越大。

（2）发明专利平均维持时间（Ptime）。发明专利维持时间是指，从发明专利申无效或者到期时间减去专利申请时的时间间隔。Nordhaus最早将专利维持时间作为专利质量的决定因素，他认为在专利续存期间其单位价值随时间推移而变化，其专利总收益是一个单调递减的函数，即维持时间越长的专利其质量越低（Nordhaus，1967）。有些学者提出不同的看法，Sapsalis认为寿命与专利质量之间存在显著地正相关关系（Sapsalis，Ran，2006）。薛明皋等人认为，专利到期寿命越长的专利为企业带来的经济利益越多，其质量也会越高（薛明皋，刘璘琳，2013）。上述文献表明，发明专利的到期时间长度与专利质量有相关关系。张军荣认为，专利授权后还应绩效缴纳专利维持费，且该维持费逐年不断增加，作为专利持有者，只有当专利带来的价值大于维持成本时，专利持有人才会绩效维持专利（张军荣，2017）。因此，借鉴以往研究将发明专利平均到期时间长度作为衡量专利质量的指标。该变量一般作为衡量单件专利的质量，所以本研究取发明专利的平均维持时间来衡量，即将所有专利维持时间加总除以发明专利数量。

（3）发明专利在三类专利中的占比（Pinve）。在我国，专利分为发明专利、实用新型和外观设计三种类型。普遍认为，在三类专利中，由于发明专利更具技术含量，审核程序也更为严格和规范，因此质量最高；其次为实用新型专利，外观设计在三类专利中最为简单，其质量也最低。因此一个企业在三类专利中，发明专利所占比重越高，其整体专利质量也应越高。本章借鉴万小丽（万小丽，2009）、袁晓东（袁晓东，蔡学辉，2017）等人的研究将发明专利在三类专利中所占比例作为衡量专利质量的指标。

4.3.4 调节变量

创新能力：创新能力的测量方式在学术上存在一定程度的争议。本章借鉴 Hall、吴超鹏等人的研究（Bronwyn H Hall，Jaffe，2005；吴超鹏，唐菂，2016），用两个指标来衡量企业的创新能力：

4.3.4.1 RDCS：研发资本存量（R&D stock/asset）

公司研发资本存量除以公司年末总资产来衡量企业的创新能力。其中，研发资本存量是指，企业在某一时间点研发投入的累积量，即本期的研发资本存量可以表示为上一期的研发资本存量与过去所有期研发支出之和的贴现值。白俊红在参照 Griliches、Goto 等人的研究基础上（A K，1989；Griliches，1979；白俊红，2011），提出研发资本存量具体计算方法。本章在计算研发资本存量时参照白俊红关于研发资本存量的计算。计算公式如下所示：

$$K_t = M_{t-1} + (1-\lambda) \times K_{t-1} \qquad (4-10)$$

式中：K_t 与 K_{t-1} 分别为当期和滞后一期的研发资本存量；λ 为研发资本存量的折旧率；M_{t-1} 为 $t-1$ 期研发支出的贴现值。式（4-10）中，要计算研发资本存量，首先需要确定研发支出的贴现值 M_{t-1}、研发资本存量的折旧率和基期研发资本量。根据 Young 的研究，采用15%作为本研究的研发资本存量的折旧率（Young，2000）。

要计算研发支出贴现值，需构造研发支出价格指数，根据朱平芳的研究（朱平芳，徐伟民，2003），计算公式如下：

$$P = \overline{P} / PI \qquad\qquad (4-11)$$

式中，$\overline{P}$为名义统计指标；P为实际统计指标；PI为计算的研发支出价格指数（以2008年为基期$PI=1$）。由于研发支出的主要用途为研发人员的消费和购置固定资产两部分构成，因此，PI指数由消费价格指数和固定资产投资价格指数共同构成。即：

$$PI = 0.55PIc + 0.45PI_a \qquad\qquad (4-12)$$

基期的资本存量根据吴延兵的研究（吴延兵，2006），在假定研发资本存量的增长率等于研发经费增长率的前提下，其计算公式如下所示：

$$K_0 = M_0 / (g + \lambda) \qquad\qquad (4-13)$$

式中，K_0为基期资本存量；M_0为基期实际研发支出；g为统计期内实际研发支出平均增长率；λ为折旧率。

4.3.4.2 KnSt：知识存量（patent stock/asset）

用公司年末累积发明专利授权量与年末资产总量之比来测量企业的创新能力。其中，patent表示专利授权存量，专利授权存量是指累积专利授权量；asset为企业年末总资产（单位：千万元人民币）。

4.3.5 控制变量

综合以往学者的相关研究，选取以下变量作为控制变量：

4.3.5.1 行业性质（Indus）

行业性质是指，企业所属的行业类别。企业的竞争环境与企业所处行业密切相关，会直接影响企业创新投入动机，并影响企业的财务绩效。此外，不同行业的利润水平和资本回报期限也存在显著差异。因此，本章根据Joseph（Price，Sun，2017）、白俊红（白俊红，蒋伏心，2015）、Brown（Brown，Mohan，2017）、Ravichandran（Ravichandran，Lertwongsatien，2005）等人的研究，对企业所处行业性质进行控制，由于国民经济行业分类与证监会行业分类存在一定程度的差异，而本研究所选数据样本为深圳证券交易所上市的创业板上市公司，因此，在进行行业分类时，根据《国民经济行业分类与代码（GB/T 4754—2017）》在进行变量设置时，设置为行业虚拟变量。

4.3.5.2　企业性质（Natu）

企业性质是指企业的所有制形式。按照经济类型，企业的所有制形式一般可以分为，国有经济、集体所有制经济、私营经济和外资经济等。栾强等的研究表明，不同所有制形式的企业其技术创新有显著差异（栾强，罗守贵，2017）。李婧通过对2000~2010年高技术产业的面板数据进行分析，其研究结果表明，国有企业和私有企业对企业创新及企业利润之间的影响关系具有明显差异（李婧，2013）。根据以往研究，本章将企业所有制形式分为国有企业、私营企业、外资企业和其他四种类型，作为类别变量进行处理。

4.3.5.3　企业规模（Size）

根据以往学者李显君（李显君，王巍，2018）、Tan（Tan，Habibullah，2017）、Zott（Zott，Amit，2008）等人的研究，将企业规模作为控制变量。企业规模计算方法为企业年初总资产与年末总资产的平均值。

4.3.5.4　企业年龄（Age）

根据以往学者Calantone（Calantone，Cavusgil，2002）、李婧（李婧，贺小刚，2010）等人的研究，将企业年龄作为控制变量。企业年龄的计算方法为自企业上市日到统计日截止的时间间隔（吴超鹏，唐芸，2016）。

4.3.5.5　资产负债率（Lev）

根据以往学者Rasoulian（Rasoulian，Grégoire，2017）、Anderson（Anderson，Reeb，2003）、吴建祖（吴建祖，肖书锋，2016）等人的研究，将企业的资本结构即资产负债率作为控制变量。资产负债率的计算方式为，企业年末总负债与年末总资产的比值。

4.3.6　销售费用（Sexp）

根据以往学者Ringov（Ringov，2017）、Santhanam（Santhanam，Hartono，2003）、胡华夏（胡华夏，洪荭，2017）等人的研究，将企业的销售费用作为控制变量。

需要注意的是，在计算各指标的统计值时，为避免原始数据由于异方差问题可能对回归结果造成的影响，参考以往研究，对部分变量作对数处理（公司规模）或加1（公司年龄）做对数处理（王文甫，明娟，2014；吴超鹏，唐芸，2016），各变量的符合、定义及含义见表4-1。

表4-1 各主要变量的符号及其含义

	变量符号	指标	指标的含义
因变量	REV	营业利润	营业收入减去成本和相关税费
	ROA	资产回报率	利润总额与利息支出之和与总资产的比值
自变量	Papl	发明专利申请量	公司当年发明专利申请数量并取对数
	Pauth	发明专利授权率	当年发明专利授权数量与申请数量之比
	Ptime	发明授权专利平均维持时间	专利维持时间加总除以发明专利数量
	PInve	发明专利占比	发明专利在三类专利中的占比
调节变量	RDCS	研发资本存量	公司研发资本存量除以公司年末总资产
	KnSt	知识存量	企业年末授权专利存量与年末总资产的比值
控制变量	Indus	行业性质	企业所属行业
	Natu	企业性质	企业的所有制形式（国有/私有/混合所有）
	Size	企业规模	公司年平均总资产的自然对数
	Age	企业年龄	自公司上市起至统计日止的时间长度
	Lev	资产负债率	企业年末总负债/总资产
	Sexp	销售费用	公司本会计期间销售费用并取对数

4.3.7 数据来源

本研究以2009~2016年所有在创业板上市的574家公司作为初始研究样本。之所以选择创业板为研究对象，是因为创业板与主板的不同点在于，一方面，该板的特点在于专门为创业型企业、中小企业和高新技术企业等暂时无法在主板上市，而又需要进行融资和发展的企业提供较为便捷的融资途径；另一方面，在创业板上市的公司较为年轻（创业板首次公开发行股票时间为2009年），具有较好的成长性，创新活动较为频繁。样本筛选遵循以下原则：对于截止到统计时已经退市和数据严重缺失的公司采取直接将该公司剔除的措施；剔除在专利检索时，没有检索到专利数据的公司；剔除金融保险类上市公司，以及所有者权益为负的公司；剔除ST、*ST、PT类上市公司；剔除掉并购重组的企业，如果某公司在某样本观测值该年度总资产是上一年的五倍以上或者五分之一以下，则认为该公司存在并购或重组，将该公司从样本中删除（钟腾，汪昌云，2017）。

表4-2列出了从2009~2016年筛选前和筛选后的样本企业每年的公司数量。由于我国创业板上市公司2013年没有公司上市，所以，2012年与2013年公司数目相同。左侧为筛选前的样本企业累积数和观测值累积数，右侧为筛选后的样本企业累积数和观测值累积数。

表4-2　筛选前后样本数据情况

年份	处理前公司数	处理前样本数	处理后公司数	处理后样本数
2009	36	36	23	6
2010	153	189	83	30
2011	281	469	162	115
2012	355	823	204	255
2013	355	1178	204	412
2014	407	1587	232	558
2015	495	2082	272	822
2016	572	2646	304	1126
累积总计	572	2646	304	1126

表4-3列出了样本企业的所有权性质、员工规模、企业成立年限和企业研发投入数量等企业属性变量。从企业所有权性质可以看出，在创业板上市的公司多以民营企业为主，占总企业量的83.88%，国有企业最少，只有4.28%。从企业成立年限（上市日到统计日）来看，最长为8年，最短为1年，即创业板上市的公司都比较年轻，由于2013年没有公司在创业板上市，而统计时间为2016年，所以企业年龄为4的企业数量为0。从企业规模来看，样本分布比较均匀。研发投入多集中在1000万元到1亿元之间。

表4-3　筛选后样本企业属性统计

项目	分类	企业数量	比例（%）	项目	分类	企业数量	比例（%）
企业所有权类型	国有	13	4.28	企业员工规模（人）	≤ 200	31	10.19
	民营	255	83.88		201~400	61	20.06
	合资	36	11.84		401~600	67	22.03

续表

项目	分类	企业数量	比例（%）	项目	分类	企业数量	比例（%）
企业年龄（年）	1	32	10.52	研发投入（万元）	601~800	45	14.80
	2	40	13.15		801~1000	27	8.881
	3	28	9.210		>1000	73	24.01
	4	0	0		≤ 1000	5	1.644
	5	42	13.81		1000~3000	77	25.32
	6	79	25.98		3000~5000	74	24.34
	7	60	19.73		5000~10000	83	27.30
	8	23	7.565		>10000	65	21.38

上市公司2009~2016年各年度的专利相关数据来自于国家知识产权局专利检索网站。行业分类相关数据以《上市公司行业分类指引》（2012年修订）为依据。在计算企业研发资本存量时，企业研发投入数量通过手工下载并收集上市公司财务表获取。企业年龄数据通过深圳证券交易所官方网站获取公司上市时间，再通过计算获取。其他企业性质数据和财务数据均来源于国泰安（CSMAR）数据库。

4.4 实证分析

4.4.1 描述性统计分析

表4-4给出了各主要变量的描述性统计分析结果，包括均值、标准差、最小值、中值和最大值。可以看出，部分变量的标准差明显偏大，表明该变量的离散程度较高，可能存在异常值。为消除异常值可能对回归分析造成的影响，在进行其他统计分析前对主要变量两端各1%进行了winsorize缩尾处理。

表4-4 主要变量的描述性统计分析

	变量名称	变量符号	观测数	均值	标准差	最小值	中值	最大值
因变量	营业利润	REV	1126	8.807	0.375	7.846	8.778	10.77
	资产回报率	ROA	1126	0.0591	0.0368	8.4005	0.0552	0.295

续表

	变量名称	变量符号	观测数	均值	标准差	最小值	中值	最大值
自变量	发明专利申请量	*Papl*	1126	0.937	0.504	0	0.954	2.799
	发明专利授权率	*Pauth*	1126	0.962	2.020	0.0054	0.500	1
	专利维持时间	*Ptime*	1126	1.885	1.317	0.016	2.175	6.331
	发明专利占比	*PInve*	1126	0.241	0.172	0.00444	0.200	0.909
调节变量	研发资本存量	*RDCS*	1126	0.081	0.068	0.005	0.063	0.496
	知识存量	*KnSt*	1126	0.89	1.22	0.03	0.46	13.98
控制变量	企业规模	*Size*	1126	9.204	0.324	8.488	9.156	10.62
	企业年龄	*Age*	1126	0.636	0.197	0.301	0.699	0.954
	资产负债率	*Lev*	1126	0.262	0.155	0.0140	0.234	0.775
	销售费用	*Sexp*	1126	7.628	0.459	5.739	7.611	9.256

4.4.2　不分行业的全样本回归分析

　　为了与现有研究结果做对比，以及与分行业的统计分析结果做对比，我们先不区分行业，进行全样本回归分析。借鉴胡永键和周寄中采用强迫输入变量法（Enter）和多元逐步回归的方法（stepwise）对进行回归分析（胡永健，周寄中，2009）。多元回归分析一般分为强迫输入变量法和逐步回归分析法两种类型。强迫回归法要求所有自变量一次进入回归方程，因而如果自变量间有较高的相关性，则可能发生严重的多重共线性问题，影响统计结果的可靠性。如果某些自变量和其他自变量存在多重共线性，会导致统计标准误变大，从而使得回归系数没有达到统计上的显著性水平而被忽略。多元逐步回归分析的做法是，根据统计准则依序选取自变量进入回归方程，依据统计特征，筛选出一个最佳的多元复回归统计分析模型。逐步多元回归分析一方面可以作为解决自变量多重共线性的方法，另一方面在进行自变量选取时，对因变量影响最高的自变量会首先进入回归方程，其他对因变量影响通过显著性检验的自变量会依次进入回归方程；而没有进入回归模型的自变量对因变量则没有显著的预测效力。

　　首先采用强迫回归法进行回归分析，然后采用逐步回归分析法进行验证。为了使统计分析结果的系数便于比较，分别对回归系数进行了标准化处理。其中，模型1与模型2是强迫输入变量法的回归结果，模型2是标准化后的回归结果；模型3与模型4是逐步回归分析法的统计结果，模型4是标准化后的回归结果。具体分析结果见表4-5。

　　表4-5列出了强迫回归法和逐步回归分析法的统计结果。虽然其系数有一定程度的差异，但是二者的系数显著性基本保持一致，回归结果没有本质差异，表明模型具有较高的可靠性。在创业板上市公司的全行业的统计分析中，从专利数量和专利质量对企业绩效的影响来看，发明专利申请量、发明专利授权率、发明专利平均维持时间和发明专利占比四个专利指标在统计上均达到了1%水平上的显著性。即专利申请量和专利质量对企业绩效均有显著的正向促进作用。假设H1获得数据支持。

表 4-5　全行业专利对企业绩效的影响回归结果

变量符号	变量解释	模型1	模型2	模型3	模型4
C	常数项	8.3937***		8.423***	
$Papl$	发明专利申请量	0.3017***	0.3906***	0.2959***	0.3983***
$Pauth$	发明专利授权率	0.1202***	0.1092***	0.1021***	0.1432***
$Ptime$	平均维持时间	0.2902***	0.1477***	0.2925**	0.1788***
$PInve$	发明专利占比	0.1341***	0.1433***	0.1037***	0.1546***
$Indus$	行业	控制	控制	控制	控制
$Natu$	企业性质	控制	控制	控制	控制
$Size$	企业规模	0.7592***	0.6572***	0.7430***	0.6431***
Age	企业年龄	0.1674***	0.1353***	0.1815***	0.1428***
Lev	资产负债率	−0.4745***	−0.2082***	0.6513***	0.2701***
$Sexp$	销售费用	0.1629***	0.1997***	0.1214***	0.1960***
N		1126	1126	1126	1126
F值		19.29***		29.36***	
Adj-R^2		0.3316		0.3215	

注　***、**、* 分别表示变量在1%、5%、10% 的水平上显著。

4.4.3　分行业的回归分析结果

4.4.3.1　行业分类的聚类分析

聚类分析是根据一定的指标，将样本按照相似性分成不同类别的统计分析方法。目前以这种方式对上市公司进行行业分类的研究不多。李善民和叶会曾按要素密集度对行业进行分类，但分类依据仍基于经验观察（李善民，叶会，2007）。鲁桐和党印以沪深A、B股公司为样本，采用聚类分析的方法，将公司分为技术密集型、资本密集型和劳动密集型等三个行业类别（鲁桐，党印，2014）。丁娜在鲁桐和党印的研究基础上以沪深A股为样本，对公司行业按照要素密集度进行了分类（丁娜，2016）。本研究参照证监会发布《上市公司行业分类指引》（2012年修订），以及鲁桐和党印、丁娜行业分类方法将行业按照要素密集度分为技术密集型、资本密集型和劳动密集三个行业。

按照要素密集度，采用聚类分析的方法对行业进行分类，按照这种分类方法的指标为固定资产比重和研发支出比重，具体计算公式为：

$$固定资产比重（GT）=固定资产净值/总资产 \qquad (4-14)$$

$$研发支出比重（RW）=研发支出/应付职工薪酬 \qquad (4-15)$$

式（4-14）和式（4-15）用来识别要素在行业中的重要性程度。其中，式（4-14）用来识别生产要素中固定资产在行业生产要素的重要程度。比值越大则说明固定资产在生产要素中的重要程度越高，则将此类行业归属于资本密集型行业。式（4-15）用来识别生产要素中研发支出在行业生产要素中的重要程度，比值越大则表明技术要素在生产要素中的重要程度越高，则将该行业归属于技术密集型行业，剩余为劳动密集型行业。在聚类分析前，首先计算各行业的固定资产比重和研发支出比重，然后采用聚类分析中的离差平方和法（wardslinkage）将所有行业分为三大类。使用该方法的优点在于使组群内的差异尽量小，而组间差距尽量大。

4.4.3.2　按要素密集度的分行业回归分析

在采用聚类分析对所有行业进行分类后，我们将行业分为三组，分别进行回归分析，此时控制变量中不再包含行业变量，具体统计结果如表4-6所示。

在进行子样本回归分析时，可能会存在由于样本自选择问题而导致的样本选择性偏误以及内生性问题，为了克服这些问题。在回归分析时采用Heckman（Heckman，1979）开发的二阶段模型/赫克曼二阶段备择模型（Heckman Selection Model）进行分析。二阶段模型的第一阶段分析选择该行业的影响因素，第二阶段分析企业绩效的影响因素。如表4-6所示，模型5、模型6、模型7分别以技术密集型、资金密集型和劳动密集型等三个行业进行Heckman二阶段模型分析的统计结果，为便于系数比较，本研究在进行回归分析前对数据进行了去量钢化和标准化处理。分析工具为Stata14.0。分析结果见表4-6。

表4-6 分行业Heckman二阶段回归结果

方程	变量	模型5	模型6	模型7
		技术密集型	资本密集型	劳动密集型
回归方程：REV	$Papl$	0.2387**	0.4186***	0.4155***
	$Pauth$	0.2062***	0.1977***	0.0221
	$Ptime$	0.3831***	0.2731***	0.0258*
	$PInve$	0.1559***	0.1499**	0.0172
	$Size$	0.5023***	0.7653***	0.7647***
	Age	0.1446***	0.1411***	0.1433***
	Lev	−0.5023***	−0.4922***	−0.4943***
	$Sexp$	0.1674***	0.1659***	0.1688***
	$Natu$	控制	控制	控制
	N	634	301	191
选择方程：Indus	$Papl$	0.1292***	−0.1934***	−0.1239***
	$Pauth$	0.0307	−0.0983	0.0560
	$Ptime$	0.1802***	0.1326***	−0.0334
	$PInve$	0.2112***	0.1566***	0.1685***
	N	1126	1126	1126
	$Sigma$	0.4432	0.6015	0.9705
	Rho	0.7895	−0.9701	0.6238
	$Lambda$	0.9340***	−0.5836**	0.6054***
	LR	−710.96	−439.00	−307.26
	$Wald\ \chi^2$	75.95***	51.63***	64.71***
	P 值	0.000	0.0139	0.0096

注 ***、**、*分别表示变量在1%、5%、10%的水平上显著

从表4-6的Heckman二阶段模型的统计结果可以看出，技术密集型、资本密集型和劳动密集型行业二阶段回归模型的Lambda分别为0.9340、−0.5836和0.6054且分别在5%和10%的水平上显著；Wald χ^2 值分别为75.95、51.63和

64.71且在1%的水平上的显著。这表明，在技术密集型、资本密集型和劳动密集型产业Heckman二阶段模型的估计效果较理想，适合采用Heckman二阶段模型对数据进行分析。

首先考察第一阶段的统计分析结果，第一阶段的自变量为专利相关指标，因变量为行业，考察哪些因素会导致在进行行业选择时产生样本选择性偏误。结果表明：

（1）技术密集型行业：发明专利申请量、发明专利的平均维持时间（Ptime）和发明专利在三种专利中所占比例三个指标在1%的水平上显著。这表明在技术密集型行业这三个专利指标会显著影响技术密集型行业和其他行业的选择。其中，发明专利申请量的回归系数为正（0.2387），这表明发明专利申请量的增加，会导致在进行样本选择时，增加选择技术密集型行业的概率；发明专利的平均维持时间系数为正（0.1802），这表明发明专利的平均维持时间的增加，会导致在进行样本选择时，增加选择技术密集型行业的概率；发明专利占比的回归系数为正（0.2112），这表明发明专利占比的增加，会导致在进行样本选择时，增加选择技术密集型行业的概率；发明专利授权率未通过显著性检验，这表明发明专利授权率不会导致行业样本选择性偏误。

（2）资本密集型行业：发明专利申请量、发明专利的平均维持时间和发明专利在三类专利中所占比例等三个指标在1%的水平上显著。这表明在资本密集型行业，这三类专利指标会显著影响技术密集型行业和其他行业的选择。其中，发明专利申请量的回归系数为负（−0.1934），这表明发明专利申请量的增加，会导致在进行样本选择时，减弱选择技术密集型行业的概率；发明专利的平均维持时间和发明专利在三类专利中所占比例为正（0.1326）、（0.1566）；发明专利授权率未通过显著性检验。

（3）劳动密集型行业：发明专利申请量和发明专利在三种专利中所占比例在1%的水平上显著。其中，发明专利申请量的回归系数为负（−0.1239），这表明发明专利申请量的增加，会导致在进行样本选择时，减弱选择技术密集型行业的概率；发明专利占比的回归系数为正（0.1685），这表发明专利占比的增加，会导致在进行样本选择时，增加选择技术密集型行业的概率；发明专利授权率和发明专利的平均维持时间均未通过显著性检验。

其次，考察第二阶段的统计结果。该阶段主要考察哪些因素对企业绩效产生影响。统计结果表明：

（1）在不同行业中，有利于企业绩效的因素存在相同点，即无论是在技术密集型行业、资本密集型行业还是在劳动密集型行业，发明专利数量对企业绩效均有显著的促进作用，这与以往研究一致（Artz，Norman，2010；B. Lee，Cho，2015）。这一方面解释了企业大量申请专利的合理性，即企业专利申请显著促进了企业绩效的提升；另一方面为我国政府在政府补助企业研发，和鼓励企业创新政策的合理性提供了实证依据。

（2）技术密集型和资本密集型行业在专利视角企业绩效的影响因素上存在一定程度的共性。在这两个行业中，首先在专利数量方面，专利申请量对企业绩效均有显著的促进作用（0.2387）、（0.4186），且在1%的水平上显著，即专利数量越多的企业其企业绩效也越好。其次在专利质量方面，发明专利授权率与企业绩效正相关（0.2062）、（0.1977）；发明专利的平均维持时间与企业绩效正相关（0.3831）、（0.02731）发明专利在三种专利中所占比例与企业绩效正向关（0.1559）、（0.1449），即在这两个行业，专利质量越高，其企业绩效越好。

（3）技术密集型行业和资本密集型行业在专利视角企业绩效的影响因素上存在一定的独特性。在专利数量方面，在这两个行业中，虽然专利数量对企业绩效均有显著的正向影响，但是在资本密集型行业，专利数量对企业绩效的回归系数（0.4186）明显大于技术密集型行业专利数量对企业绩效的影响系数（0.2387），即在资本密集型产业，专利数量对企业绩效的影响更为明显。在专利质量方面，专利质量虽然对企业绩效有显著的促进作用，但是在技术密集型行业，从表6的回归结果来看，专利质量对企业绩效的影响明显高于资本密集型行业。

（4）资本密集型行业和劳动密集型行业，在专利质量和专利数量影响企业绩效方面存在一定的共性和差异性。在专利数量方面，资本密集型和劳动密集型行业专利数量均与企业绩效有呈正相关关系（0.4186）、（0.4155），均在1%的水平上显著，回归系数相差不明显，即在资本密集型行业和劳动密集型行业，专利数量对企业绩效的影响差异不明显。在专利质量方面，资本密集型行业专利质量对企业绩效有显著的促进作用，而在劳动密集型行业专利质量对企业绩效影响不明显。假设H2获得实证数据支持。

4.4.4 调节效应的回归分析和结果讨论

为考察其他因素在专利影响企业绩效过程中的作用，以下仅以技术密集型行业为例进行分析，其他行业分析与该方法类似。在进行面板数据回归前，由于面板数据同时具有截面和时间序列的两维属性，为避免由于模型设定不正确而对参数估计的结果造成偏差，需首先对所选模型的形式进行检验。面板数据回归模型通常有三种形式：混合效应模型（Mixed Effect Model，OLS）、随机效应模型（Random Effects Models，REM）和固定效应模型（Fixed Effects Model，FEM）。在三个模型中选择一种模型进行参数估计，在模型选择时，一般分为以下三个步：第一步，采用Wald检验在混合效应模型和固定效应模型间进行选择，如果Wald检验显著，则采用模型固定效应模型，如果不显著则采用混合效应模型；第二步，采用LR（Likelihood Ratio test）检验在混合效应模型和随机效应模型间进行选择，如果LR检验显著，则采用随机效应效应模型，如果不显著则采用混合效应模型；第三步，采用Hausman检验在随机效应模型和固定效应模型间进行选择，如果Hausman检验显著，则拒绝随机效应模型，分析工具为Stata14.0。具体检验见表4-7。

表 4-7　模型选择检验结果

变量	变量解释	OLS	REM	FEM
C	常数项	-0.0973^{***}	-0.1040^{***}	-0.0874^{***}
$Papl$	发明专利申请量	0.4172^{***}	0.4006^{***}	0.3844^{***}
$Pauth$	发明专利授权率	0.2081^{***}	0.2046^{***}	0.1945^{***}
$Ptime$	专利维持时间	0.2430^{***}	0.2371^{***}	0.2476^{***}
$PInve$	发明专利占比	0.1423^{***}	0.1575^{***}	0.1387^{***}
$Size$	企业规模	0.776^{***}	0.595^{***}	0.6960^{***}
Age	企业年龄	0.042^{***}	0.016^{***}	0.0193^{***}
Lev	资产负债率	-0.499^{***}	0.179^{***}	0.2991^{***}
$Sexp$	销售费用	0.367^{**}	0.403^{**}	0.4260^{**}

续表

变量	变量解释	OLS	REM	FEM
Natu	企业性质	控制	控制	控制
N	观察值数量	634	634	634
F 值		18.10***	43.61***	32.40***
Adj–R²		0.2672	0.3011	0.2995
Wald χ^2（Prob）	9.80	*Prob > F* = 0.000		
LR Test	644.68	*Prob ≥ chibar2* = 0.000		
Hausman Test	χ^2= 159.33	*Prob>chi2* =0.000		

注 ***、**、* 分别表示变量在 1%、5%、10% 的水平上显著。

表4-7列出了混合效应模型、随机效应模型和固定效应模型三种回归分析的统计结果。从变量的系数统计的显著性上来看，虽然不同统计结果的系数和拟合优度有所不同，但是其显著性水平没有本质差异。在混合效应模型和固定效应模型的比较中，Wald检验（*Prob > F* = 0.000）在1%的水平上显著拒绝混合效应模型；在混合效应模型和随机效应模型的选择上，LR检验（Prob ≥ chibar2 = 0.000）显著拒绝混合效应模型；在随机效应模型和固定效应模型的比较中，Hausman 检验（*Prob>chi2* =0.000）在1%的水平上拒绝了随机效应模型，因此，以下回归分析时主要采用固定效应模型。

以下分析将应用模型（1.0）、（2.0）、（3.0）来检技术密集型产业专利数量和专利质量对企业绩效的影响过程中，创新能力的调节作用。

4.4.4.1 创新能力在专利数量影响企业绩效过程中的调节作用

在表4-8中，模型（1.0）是以专利数量和专利质量为自变量；以企业规模、企业公司年龄、资产负债率、销售费用、企业所有权性质作为控制变量的统计结果。模型（2.0）和模型（3.0）是在模型（1）的基础上分别加入创新能力［单位资产研发资本存量（RDCS）和单位资产专利授权存量］的回归统计结果，这三个模型是后续研究的基础。模型（2.1）~（2.4）、模型（3.1）~（3.4）则是依次加入创新能力与发明专利申请量、发明专利授权率、发明专利平均维持时间和发明专利在三种专利中所占比例的乘积项的回归结果。

表 4-8　专利数量对企业绩效的影响

变量	模型（1.0）	模型（2.0）	模型（2.1）	模型（3.0）	模型（3.1）
C	-0.0874^{***}	-0.0918^{**}	-0.1039^{**}	-0.1217^{***}	-0.1413^{***}
$Papl$	0.3844^{***}	0.1052^{***}	0.1975^{***}	0.1256^{***}	0.1089^{***}
$Pauth$	0.1945^{***}	0.0475^{***}	0.0434^{***}	0.1296^{***}	0.1145^{***}
$Ptime$	0.2476^{***}	0.1226^{***}	0.1238^{***}	0.1931^{***}	0.1939^{***}
$PInve$	0.1387^{***}	0.1565^{***}	0.1542^{***}	0.1656^{***}	0.1608^{***}
$RDCS$		0.5974^{***}	0.5918^{***}		
$KnSt$				0.5263^{***}	0.5180^{***}
$Papl \times RDCS$			0.1342^{***}		
$Papl \times KnSt$					0.1477^{***}
$Size$	0.6960^{***}	0.6060^{***}	0.6029^{***}	0.5813^{***}	0.680^{***}
Age	0.0193^{***}	0.1638^{**}	0.1611^{***}	0.0886^{***}	0.035^{**}
Lev	0.2991^{***}	-0.2396^{***}	-0.2407^{***}	-0.2474^{***}	-0.462^{***}
$Sexp$	0.4260^{**}	0.01919^{***}	0.1964^{***}	0.2052^{***}	0.146^{**}
$Natu$	控制	控制	控制	控制	控制
N	634	634	634	634	634
F 值	32.40^{***}	50.15^{***}	41.82	44.86^{***}	37.59^{***}
$Adj\text{-}R^2$	0.2995	0.4503	0.5605	0.4223	0.5302

注　$***$、$**$、$*$ 分别表示变量在 1%、5%、10% 的水平上显著。

　　从表4-8的统计结果可以看出，模型（1.0）中，企业发明专利申请量的估计系数为正，说明企业发明专利申请量对企业绩效有显著的正向影响，其激励效应为0.3844，即企业发明专利申请量增加1%，企业的财务绩效就会相应增加0.3844%，表明发明专利申请量对企业绩效有明显的激励作用。从模型（2.1）中交互项的估计结果来看，企业发明专利申请量与研发资本存量的交互作用显著为正，表明发明专利申请量多的企业对资本雄厚的企业的绩效刺激作用更明显。从模型（3.1）中交互项的估计结果来看，知识存量与发明专利申请量的乘积项显著为正，表明对于知识存量大的企业，发明专利申请数量对企业绩效的刺激作用更强。

4.4.4.2　创新能力在发明授权率对企业绩效影响过程中的调节作用

在表4-9中，模型（1.0）是基础模型、模型（2.0）和模型（3.0）是在模型（1.0）的基础上加入创新能力（研发资本存量和知识存量）的回归统计结果，这三个模型是调节效应回归的基础模型。模型（2.2）和模型（3.2）则是创新能力与发明专利授权率的乘积项的回归结果。

表 4-9　发明授权率对企业绩效的影响检验

变量	模型（1.0）	模型（2.0）	模型（2.2）	模型（3.0）	模型（3.2）
C	−0.0874***	−0.0918**	−0.0898**	−0.1217***	−0.1117**
$Papl$	0.3844***	0.1052***	0.1123***	0.1256***	0.1386***
$Pauth$	0.1945***	0.0475***	0.0641***	0.1296***	0.1790***
$Ptime$	0.2476***	0.1226***	0.1126**	0.1931***	0.1782***
$PInve$	0.1387***	0.1565***	0.1605***	0.1656***	0.1744***
$RDCS$		0.5974***	0.5995***		
$KnSt$				0.5263***	0.5275***
$Pauth \times RDCS$			0.1671**		
$Pauth \times KnSt$					0.1769***
$Size$	0.6960***	0.6060***	0.648***	0.5813***	0.5829***
Age	0.0193***	0.1638**	0.032**	0.0886***	0.0898**
Lev	0.2991***	−0.2396***	−0.377***	−0.2474***	− 0.2457***
$Sexp$	0.4260**	0.01919***	0.131***	0.2052***	0.2019**
$Natu$	控制	控制	控制	控制	控制
N	634	634	634	634	634
F 值	32.40***	50.15***	42.12***	44.86***	37.89***
$Adj\text{-}R^2$	0.2995	0.4503	0.5622	0.4223	0.5261

注　***、**、* 分别表示变量在1%、5%、10% 的水平上显著。

从模型（2.2）中的交互项的估计结果来看，企业创新能力（研发资本存量）与专利授权率的交互项系数显著为正，即企业的创新能力对发明专利授权率与企业绩效的关系存在显著的正向影响。这是由于，研发资本分为研究费用和开发费用两个部分，在财务核算时，研究费用作为费用计入当期损益，而开发费用则作为资产成本计入资产价值。其中，研究费用主要用于研发人员的工资和其他当期损益，而开发费用一般作为产品开发。因此，研发资本雄厚的企业，能够更好地将企业较高质量的专利转换为产品，为企业带来更多的经济效益。从模型（3.2）中的交互项的估计结果来看，企业知识存量与专利授权率的交互项系数显著为正，表明发明专利授权率对知识存量大的企业的财务绩效有更强的激励作用。知识存量大，意味着企业拥有更强的将更多发明专利转化和实施能力，因而其企业绩效也会好于知识存量小的企业。

4.4.4.3 创新能力在专利平均维持时间对企业绩效影响过程中的调节作用

在表4-10中，模型（1.0）是基础模型、模型（2.0）和模型（3.0）是在模型（1）的基础上分别加入创新能力（研发资本存量和知识存量）的回归统计结果，这三个模型是调节效应回归的基础模型。模型（2.3）和模型（3.3）则是创新能力与发明授权专利平均维持时间的乘积项的回归结果。

表4-10 专利维持时间对企业绩效的影响检验

变量	模型（1.0）	模型（2.0）	模型（2.3）	模型（3.0）	模型（3.3）
C	−0.0874***	−0.0918**	−0.0963*	−0.1217***	−0.1223***
$Papl$	0.3844***	0.1052***	0.1006***	0.1256***	0.1254***
$Pauth$	0.1945***	0.0475***	0.0301***	0.1296**	0.1272***
$Ptime$	0.2476***	0.1226***	0.1189***	0.1931***	0.1926***
$PInve$	0.1387***	0.1565***	0.1586***	0.1656***	0.0661***
$RDCS$		0.5974***	0.5951***		
$KnSt$				0.5263***	0.5250***
$Ptime \times RDCS$			0.1532***		
$Ptime \times KnSt$					0.1076***
$Size$	0.6960***	0.6060***	0.6039***	0.5813***	0.6801***
Age	0.0193***	0.1638**	0.1649**	0.0886***	0.035**
Lev	0.2991***	−0.2396***	−0.2406***	−0.2474***	−0.462***
$Sexp$	0.4260**	0.01919***	0.1898***	0.2052***	0.1461**
$Natu$	控制	控制	控制	控制	控制
N	634	634	634	634	634
F 值	32.40***	50.15***	42.23***	44.86***	37.27***
$Adj\text{-}R^2$	0.2995	0.4503	0.4629	0.4223	0.4320

注 ***、**、* 分别表示变量在1%、5%、10%的水平上显著。

从表4-10的统计结果可以看出，模型（1.0）中，企业发明授权专利平均维持时间的估计系数为正，说明企业发明授权专利平均审查时间对企业绩效有显著的正向影响，其影响效应为0.2476，即企业发明授权专利平均审查时间增加1%，企业的财务绩效就会相应增加0.2476%，表明企业发明授权专利平均维持时间对企业绩效有明显的促进作用。从模型（2.3）中交互项的估计结果来看，发明授权专利平均维持时间与企业研发资本存量的交互作用为正，表明企业研发资本存量对发明授权专利平均维持时间与企业绩效的关系存在显著正向调节作用。从模型（3.3）中交互项的估计结果来看，知识存量与发明授权专利平均维持时间的乘积项系数显著，表明企业知识存量对发明授权专利平均维持时间与企业绩效的关系存在显著正向调节作用。

4.4.4.4　创新能力在发明专利占比对企业绩效影响过程中的调节作用

在表4-11中，模型（1.0）是基础模型、模型（2.0）和模型（3.0）是在模型（1）的基础上分别加入创新能力（研发资本存量和知识存量）的回归统计结果，这三个模型是调节效应回归的基础模型。模型（2.4）和模型（3.4）则是依次研发资本存量和知识存量等影响因素与企业发明专利占三种专利的比例（Ptime）的乘积项的回归结果。

表4-11　发明专利占比对企业绩效的影响

变量	模型（1.0）	模型（2.0）	模型（2.4）	模型（3.0）	模型（3.4）
C	−0.0874***	−0.0918**	−0.0959***	−0.1217***	−0.1316***
$Papl$	0.3844***	0.1052***	0.1017***	0.1256***	0.1186***
$Pauth$	0.1945***	0.0475***	0.0478***	0.1296**	0.1210***
$Ptime$	0.2476***	0.1226***	0.1248***	0.1931***	0.1995***
$PInve$	0.1387****	0.1565***	0.1612*****	0.1656****	0.1663***
$RDCS$		0.5974***	0.5953***		
$KnSt$				0.5263***	0.5204***
$PInve \times RDCS$			0.1286***		
$PInve \times KnSt$					0.1532***
$Size$	0.6960***	0.6060***	0.6081***	0.5813***	0.5803***

续表

变量	模型（1.0）	模型（2.0）	模型（2.4）	模型（3.0）	模型（3.4）
Age	0.0193***	0.1638**	0.1650**	0.1886***	0.0878**
Lev	0.2991***	−0.2396***	−0.2395***	−0.2474***	−0.2474***
Sexp	0.4260**	0.01919***	0.1798***	0.2052***	0.2058**
Natu	控制	控制	控制	控制	控制
N	634	634	634	634	634
F 值	32.40***	50.15***	41.76***	44.86***	37.61***
*Adj–R*²	0.2995	0.4503	0.5601	0.4223	0.5042

注 ***、**、* 分别表示变量在 1%、5%、10% 的水平上显著。

从表 4-11 的统计结果可以看出，模型（1.0）中，企业发明专利占三种专利的比例的估计系数为正，说明企业发明专利占三种专利的比例对企业绩效有显著的正向影响，其激励效应为 0.1387，即企业发明专利申请量增加 1%，企业的财务绩效就会相应增加 0.1387%，表明企业发明专利占三种专利的比例对企业绩效有明显的激励作用。从模型（2.4）中交互项的估计结果来看，企业发明专利占三种专利的比例与企业研发资本存量的交互作用显著为正，表明企业发明专利占三种专利的比例多的企业对资本雄厚的企业的绩效刺激作用更明显。从模型（3.4）中交互项的估计结果来看，知识存量与企业发明专利占三种专利的比例的乘积项显著为正，表明对于知识存量大的企业，企业发明专利占三种专利的比例对企业绩效的刺激作用更强。假设 H3 获得实证数据支持。

4.4.5 稳健性检验

为保障上述研究的稳健性，增强研究结论的可信度，本研究采用资产回报率作为衡量企业绩效的替代变量，重新对模型进行了回归分析。统计结果在系数上虽然有一定程度的变化，但其方向和显著性与前文基本一致，研究的最终结论没有本质差异。稳健性检验结果说明，本研究的研究结论是比较稳健的，具有较强的可靠性。统计结果如表 4-12 所示（仅列出全行业回归分析基本模型统计结果，其他统计及相关论述略去）。

表 4-12 稳健性检验

变量	变量解释	系数	标准差	t 值	P 值
C	常数项	0.023	0.606	0.40	0.000***
Papl	发明专利申请量	0.4150	0.156	5.97	0.067***
Pauth	发明专利授权率	0.1456	0.538	4.28	0.011**
Ptime	平均维持时间	0.1698	0.051	−0.88	0.031**
PInve	发明专利占比	0.1327	0.691	1.84	0.000***
Size	企业规模	0.1774	0.926	2.62	0.008***
Age	企业年龄	0.3023	0.110	1.42	0.000***
Lev	资产负债率	−0.2410	0.611	−1.15	0.000***
Sexp	销售费用	0.0690	0.598	5.20	0.005***
Natu	企业所有权性质	控制	控制	控制	控制
N	观察值数量	1126	1126	1126	1126
F 值	19.10			P<0.01	
Adj-R²	0.3296				

注 ***、**、* 分别表示变量在 1%、5%、10% 的水平上显著。

4.5 结论讨论与启示

本研究基于 2009~2016 年我国创业板上市公司的面板数据为样本，采用聚类分析的方法按照要素密集度，将样本企业划分为技术密集型、资本密集型和劳动密集型等三个行业，并运用多元逐步回归模型、Heckman 二阶段模型，比较分析了不同行业专利数量和专利质量对企业绩效的影响关系，以及企业创新能力在专利对企业绩效影响过程中的作用。

4.5.1 主要研究结论

（1）在不分行业的情况下，专利质量和专利数量均对企业绩效有显著的促进作用。发明专利申请量是公司在一个会计期间所提交给专利审查部门的发明专利数量。Ernst 的专利组合理论运用专利活动与专利质量作为企业专利评价指标，以专利申请量作为企业专利组合的评价指标，认为专利申请量的企业更富有创新性和开拓性（Ernst，2001；Ernst，Omland，2011），专利申请量不仅在一定程度上反映了企业专利的数量情况，同时还反映了企业的创新活跃程度，而创新对企业绩效有促进作用，因此专利申请量多的企业其企业绩效也更好。发明专利授权率、发明专利平均维持时间和发明专利在三种专利中所占比例等三个专利质量指标对企业绩效均有显著的促进作用，其对企业绩效的直接效应分别为0.1092、0.1477、0.1433。可见，在企业绩效影响的专利质量指标中，发明专利维持时间的激励效应最强，其次为发明专利在三种专利中所占比例，发明专利授权率最弱。

（2）将企业按照要素密集度进行分类后，从行业特征来看，技术密集型、资本密集型和劳动密集型行业对专利数量的依赖性逐渐增强，而对专利质量的依赖程度逐渐减弱。具体地，专利数量对三个行业的企业绩效均有显著的促进作用；但是，在技术密集型行业，专利数量对企业绩效的影响要低于资本密集型行业和劳动密集型行业；专利质量对技术密集型行业和资本密集型行业的企业绩效均有显著的促进作用，而对劳动密集型行业企业绩效的影响虽然为正，但仅专利维持时间在5%的水平上达到显著性水平，发明专利授权率和发明专利在三种专利中所占比例对企业绩效的影响均不显著。该研究结论表明，在不同行业，有利于企业绩效的专利因素既有共同点，也有差异性。该结论进一步验证了Gordon、鲁桐和党印的研究。Gordon认为，同一行业有类似的组织文化特征，而组织具有类似文化特征的企业在竞争环境、用户需求和社会预期都方面有类似的性质（Gordon，1991）。鲁桐和党印则通过实证分析表明，在公司创新管理方面，不同行业影响企业技术创新的因素存在差异性，而同一行业存在共同性（鲁桐，党印，2014），本研究的研究也是对鲁桐和党印关于公司技术创新影响因素研究的进一步补充和完善。

（3）创新能力（研发资本存量与知识存量）在专利数量和专利质量影响企业绩效的过程中起调节作用。研发资本存量和知识存量与专利数量（企业发明专利申请量）和专利质量（发明专利授权率、发明专利平均维持时间和发明专利在三种专利中所占比例）的交互项的系数显著为正，这表明，对于研发资本存量和知识存量大的企业，对发明专利申请量、发明专利授权率、发明专利平均维持时间和发明专利在三种专利中所占比例与企业绩效间关系的正向激励作用明显。一般认为，研发资本存量和知识存量较大的企业，相对处于较为成熟的时期、研发活动活跃、研发资本雄厚、知识储备丰富；而研发资本存量和知识存量小的企业，则一般处于初创或衰退期、规模较小、用于开发产品的资金紧张，技术和知识相对落后。因此，研发资本和知识存量大的企业和研发资本和知识存量小的企业相比，拥有更多的资金和技术优势，形成规模效应，研发资本存量和知识存量大的企业，对专利的实施能力更强，有更强的将专利转化为新产品的能力，因此企业绩效也会更好。

4.5.2 管理启示

（1）由于不同行业对于创新依赖的程度和侧重点不同，在企业创新管理过程中也应根据公司所在行业合理安排创新资源。对所有行业而言，专利数量和专利质量对企业绩效均有显著的促进作用，因此在企业创新管理中，应考虑在专利数量层面提供资源，增加企业专利存量和专利增量；同时注意专利质量方面的管理。而对于不同行业而言，技术密集型行业和资本密集型行业专利数量和专利质量对企业绩效均有显著的促进作用。因此，在技术密集型行业和资本密集型行业，应考虑在专利数量的增加和专利质量的提升方面加强管理，但是，资本密集型行业相对技术密集型行业而言，对专利数量的依赖性更强；而技术密集型行业与资本密集型行业相比，则更加依赖专利质量，因此，技术密集型行业应更加注重对专利质量的提升，而资本密集型行业则应加强对专利数量的管理。在劳动密集型行业，企业绩效的影响因素中，对专利数量的依赖性较强，而对专利质量的依赖较弱，因此，企业在创新管理时应将更多的资源投入到专利数量的增长量和累积量上来。

（2）由于企业的创新能力（研发资本存量和知识存量）对企业专利数量和专利质量与企业绩效间的关系具有显著的正向调节作用，即研发资本存量和知识存量具有促进企业现有技术转化为新产品并实现财务绩效增加的作用。因此，一方面，企业应增加研发资本投入，并加强对研发资本的管理和利用，提升企业资源的利用效率。另一方面，应加强企业的研发队伍建设和研发组织结构建设，增强企业的知识积累和利用水平，增加企业研发投入和技术创新水平，保持企业在创新方面的行业领先地位，有效激励企业的研发创新活动和科研人才培养机制，以提高企业的财务绩效水平。

第 5 章

创新投入、创新绩效和企业绩效的互动研究

5.1　问题的提出

研发活动是技术创新的重要环节，是提升企业核心竞争力的关键，在推动经济增长的过程中起着决定性的作用（陈恒，侯建，2017）。科技投入是否以及如何影响创新绩效和企业绩效是国家创新政策和企业创新管理的核心问题，受到学术界、实务界和政府的广泛关注（Divisekera，Nguyen，2018）。但是，技术创新的"正外部性"和创新的高风险性特征，使创新企业承担了所有的创新成本和创新失败的风险，却未能获得所有的创新收益。为此，多数国家一方面从政策上鼓励企业进行创新，另一方面采用直接以政府财政补贴的形式支持企业的研发活动。近年来，我国研发投入持续攀升。数据显示，我国研发投入（包括政府补贴和企业研发投入）规模从2009年的5802.1亿元（研发投入强度为1.66%）增加到2016年的15676.7亿元（研发投入强度为2.11%），年均增长率高达15.26%。可见，我国研发投入资金无论从规模还是从强度上都在不断攀升，但是，在国家创新战略转型的过程中，如何合理且高效的运用企业内外部资源和企业自身能力来促进企业创新和提升财务绩效，无疑是最为关键的战略因素。一方面，作为企业研发资金的主要来源，政府补贴和企业研发投入会在一定程度上影响企业的创新进而影响企业的经营状况。另一方面，企业的创新是一个长期过程，需要持续的资金投入，企业的创新成果会影响企业创新战略的制定。那么，政府补贴和企业研发投入是否促进了企业的财务绩效？创新绩效在政府补贴和企业投入与企业绩效间的作用如何？它们是否还受到其他因素的影响？本章通过实证分析回答上述问题，不仅可以丰富该领域的理论研究成果，还可以为政府补贴政策和企业创新战略的制定提供理论依据。

提高政府补贴和企业研发投入对企业创新和企业绩效的影响是政府和学术界共同关注的热点问题，目前已经有大量国内外研究对该问题进行分析。从研究内容看，目前研究主要包括以下三个方面：政府补贴对企业研发投入的促进还是抑制效应（Guellec，2003；Marino，Lhuillery，2016；Rao，2016；马文聪，李小转，2017；翟海燕，董静，2015）；政府补贴对创新绩效的影响是促进还是抑制作用（陈玲，杨文辉，2016；李永，王砚萍，2015；马文聪，李小转，2017）；创新投入对企业绩效的影响（Jirásek，2017；胡明霞，2015；李显君，王巍，2018；尹美群，盛磊，2018）。从研究对象来看，包括：基于国家或地区层面的面板数据为研究对象（Guellec，2003；Marino，Lhuillery，2016）；基于国家统计年鉴的省级区域数据，以区域为研究对象（陈恒，侯建，2017；马文聪，李小转，2017）。

创新能力是企业通过协调公司行为、流程和战略意图等之间的关系，利用企业创新资源，开发新产品或开拓新市场，并将企业现有创新成果进行商业化，以产生财务绩效的能力。随着创新复杂程度和不确定性的增加，企业绩效的提升越来越依赖于企业协调各种资源将创新成果进行商业化的能力。资源是创新的要素，但是资源本身并不会带来创新成果，创新有赖于技术、信息、知识等资源的有效整合，企业的创新能力是企业通过协调公司行为、流程和企业战略意图的关系来开发新产品并使之商业化形成新市场的能力（C L Wang，Ahmed，2004）。企业的创新成果只有通过开发并形成新产品之后，才能为企业带来财务绩效。企业的创新能力能够有效整合企业内外部各种资源将新技术、新方法和工艺进行商业化进而促进企业的经营绩效。然而，少有文献对创新能力在企业将创新成果转化过程中所发挥的作用进行研究。

通过文献回顾发现，目前该领域研究主要的局限性体现在三个方面：第一，大多数研究集中在政府补贴对企业研发投入、企业创新绩效等两辆关系的研究，得出政府补贴促进或抑制企业研发投入或企业创新绩效，而针对政府补贴和企业研发投入对企业绩效的影响以及在此过程中创新绩效作用的研究较少。第二，大多数研究集中在检验政府补贴企业研发投入的影响，实证结果也存在较大差异，并且忽略了企业对资源的整合利用能力等其他因素对其影响的探讨。第三，忽略了企业利用其创新资源开发新产品或开拓新市场并将企业现有创新成果进行商业化以产生财务绩效的能力。

鉴于此，本章以我国创业板上市公司2009~2016年的面板数据为研究对象，试图从以下四个方面进行分析：第一，政府补贴和企业研发投入对企业绩效的影响。第二，企业创新绩效对财务绩效的影响。第三，企业创新绩效在政府补贴和企业研发投入对企业绩效影响过程中的作用。第四，企业的创新能力在政府补贴和企业投入对企业绩效影响过程中的作用。

5.2　文献综述与研究假设

5.2.1　政府补贴与研发投入对企业创新绩效的影响

企业的研发资金主要来源政府补贴和企业研发投入。目前，关于研发投入对企业绩效影响的研究，主要存在以下两种观点：第一，研发投入与企业绩效负相关。持该种观点的学者认为，企业研发投入的增加会显著降低企业当期的财务绩效和市场价值（Amir，Lev，2004；Jirásek，2017；武咸云，陈艳，2017）。随着研发投入的不断增加，可能会存在过度投资的问题，从而导致企业绩效水平的下降（Shin，Kraemer，2016）。第二，研发投入与企业绩效正相关。持该种观点的学者认为，研发投入的增加，可以提升企业的市场机遇，从而为企业带来额外收益（Yang，Chen，2012）。尽管先前的研究存在部分相互矛盾的研究结论，但是我们认为研发投入对企业绩效存在正向影响。首先，企业进行研发的最终目的是促进企业的技术创新并最终为企业带来收益。在高度竞争的市场环境中，由于创新的外部性的特征，这使得新产品、新技术极易被竞争对手模仿，从而降低了企业的竞争优势（王楠，张立艳，2017）。但由于企业对技术创新的持续关注，从而使企业在技术积累方面获得不可替代的优势，使企业长期处于行业领先地位（Camisón，Villar López，2014）。其次，由研发投入所带来的技术创新，可以进一步扩大企业之间的技术代差，加快产品更新换代速度，为企业产品长期处于行业领先地位提供保障。最后，技术创新能够提升企业产品质量，降低企业产品的生产成本，增加产品价格优势，从而带来企业绩效的提升（王楠，张立艳，2017）。基于此，提出如下假设：

假设H1：政府补贴对企业绩效具有显著的正向影响。

假设H2：研发投入对企业绩效具有显著的正向影响。

5.2.2　创新绩效对企业绩效的影响

专利作为企业创新绩效的重要衡量指标，是企业研发投入的重要产出品，对企业绩效具有显著的促进作用（Bermudez Edo，Hurtado Torres，2015；Helmers，Rogers，2011）。该结论得到较多研究的证实，如Ernst通过对德国机械工具产业进行分析，其结果表明，企业专利的申请量与营业收入正相关

（Ernst，2001）；Helmers 等以高科技产业为实证分析对象，研究结果表明，在新成立的高科技企业中，专利多的企业的财务绩效明显高于没有专利的企业（Helmers，Rogers，2011）。虽然目前大多数的理论分析和实证研究认为专利与企业绩效存在正相关关系，但是也有一些学者提出不同观点。有些学者认为，专利与企业绩效不相关，甚至负相关。如Griliches 等人以美国340家公司为样本，通过实证分析，其研究结论认为，专利对企业绩效没有显著影响（Griliches，Hall，1991）；而Artz 等人以美国272家公司为研究样本，其研究结果表明，专利是企业的战略性工具，与企业绩效负相关（Artz，Norman，2010）。尽管先前的研究存在部分相互矛盾的研究结论，但是我们认为专利对企业绩效存在正向影响。一方面，专利能够在一段时期内，为企业的技术创新提供有效保护，在一定程度上阻止竞争者的进入，形成一定的行业壁垒，从而提升企业绩效（Cockburn，Macgarvie，2011）。另一方面，当产品进行商业化时，在特定的市场上，专利能够在一定时期内为企业新产品提供必要保护，使企业产品与其他产品相比，更具有竞争优势，为企业带来更多的财务收益（Andries，Faems，2013）。基于此，提出如下假设：

假设H3：创新绩效对企业绩效具有显著的正向影响。

5.2.3　创新绩效的中介作用

根据已有的关于创新与企业绩效之间关系的研究，不难推理，研发投入在某些方面通过创新来影响企业绩效。Yang 的研究表明，研发投入的增加可以为企业的研发创新提供更多的资金条件，而创新可以为企业带来更高的财务绩效（Yang，Chen，2012）。企业是人力、财力和物力等各种资源的集合体，企业的竞争优势主要源自资源差异，而不是企业所处产业环境的差异，因此，创造和维持这种差异是企业成功的关键因素（李婧，贺小刚，2010）。创新有利于企业有效整合已有资源，挖掘企业资源的更多潜力；同时，创新可以对企业新获取的资源进行有效配置，提升企业对资源的利用效率，从而提升企业的整体竞争优势。因此，创新是企业获取和转化资源并塑造企业间资源差异的有效途径。尽管已有文献从理论和实证的角度考察了研发投入与创新绩效，创新绩效与企业绩效以及研发投入与企业绩效之间的相互影响关系，但是很少有实证研究关注研发投入对企业绩效的影响过程，关于创新绩效在研发投入影响企业绩效过程中作用的研究则更少。由上述分析可知,研发投入会促进企业创新,创新能力强的企业其财务绩效好于创新能力弱的企业(Helmers,Rogers,2011)。因此,我们推断,研发投入通过创新绩效来影响企业的财务状况,即创新绩效在研发投入与企业绩效之间起中介作用。从而,提出如下假设:

假设H4A:创新绩效在政府补贴与企业绩效间起中介作用。

假设H4B:创新绩效在研发投入与企业绩效间起中介作用。

5.2.4　创新能力的调节作用

创新能力是一项复杂的活动,企业创新的过程是将新知识、新技术进行商业化的过程(D'Este,2002)。Adner和Levinthal认为,在基于需求的技术演化过程中,创造并保持企业产品与其他企业产品的异质性,是企业获得竞争优势的关键因素(Adner,Levinthal,2001)。而创新是保持企业产品同其他竞争产品异质性的主要途径。随着产业技术复杂程度的持续提升和产品生命周期的不断缩短,企业仅靠内部资源来提升其创新能力变得越来越困难。Wernerfelt的资源基础理论认为,企业是人力、财力和物力等各种资源的集合体,企业的竞争优势主要源自资源差异,而不是企业所处产业环境的差异,因此,创造和维持这种差异是企业成功的关键(Wernerfelt,1984;李婧,贺小刚,2010)。企业的创新能力是企业通过协调公司行为、流程和企业战略意图的关系来开发新产品并使之商业化形成新市场的能力(C L Wang,Ahmed,2004)。从这个意义上讲,企业的创新能力是企业内部的管理系统、技术系统以及掌握专业技术知识的人和企业价值观等共同构成的,包括对技术发展的理解能力,可利用资源的分配与整合能力,对行业发展的理解能力和战略管理能力等促成企业进行技术创新的一系列特征能力之和(Burgelman,Christensen,1996;Leonard Barton,1992)。企业的创新成果只有通过开发并形成新产品之后才能为企业带来财务绩效。企业的创新能力是企业通过协调公司行为、流程和战略意图等之间的关系,利用企业创新资源开发新产品或开拓新市场并将企业现有创新成果进行商业化以产生财务绩效的能力。基于此提出如下假设:

假设H5:创新能力在创新绩效与企业绩效间起显著的正向调节作用。

综上所述,本章所构建的研究框架如图5-1所示。

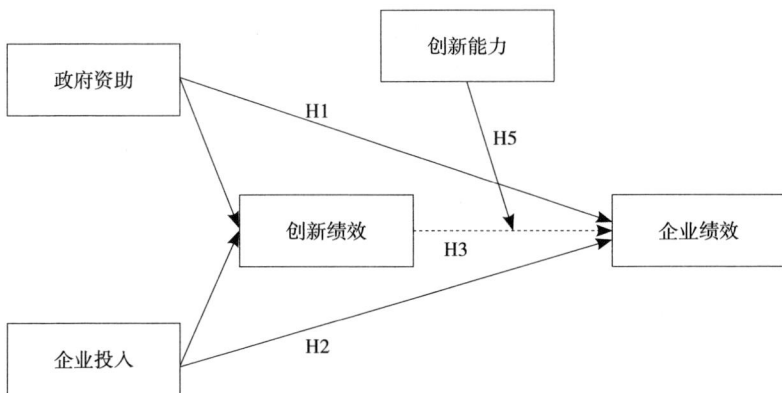

图5-1 研究三的理论模型图

5.3 研究设计

5.3.1 模型设置

（1）为研究政府研发资助和企业研发投入对企业绩效的影响，即验证假设 H1、H2，参考胡华夏等的研究（胡华夏，洪荭，2017），本研究构建如下模型，记为式（5-1）：

$$PiPe_{it} = a_0 + a_1 Gov_{it} + a_2 R\&D_{it} + a_2 Control_{it} + \mu_{it} \qquad （5-1）$$

式中：$Pipe$ 为企业绩效；Gov 为政府研发资助；$R\&D$ 为企业研发投入；$Control$ 为一系列控制变量，包括资产负债率、公司规模、销售费用、企业所处行业以及公司年龄；α 为回归系数，若 α 为正，则说明政府研发资助和企业研发投入对企业绩效具有促进作用，若 α 为负，则说明政府研发资助和企业研发投入对企业绩效具有抑制作用，预期检验结果为正；μ 为随机误差项。

（2）为检验创新绩效的在政府补贴、企业研发投入与企业绩效间的中介作用，即验证假设 H4A 和假设 H4B，本研究采用层次回归的方法对中介效应进行检验，在控制了资产负债率、公司规模、销售费用、企业所处行业以及公司年龄的基础上，构建如下检验模型。记为式（5-2）：

$$PiPe_{it} = C + \beta(Gov、R\&D)_{it} + \varphi Control_{it} + \varepsilon_1 \qquad （5-2）$$

$$InP_{it} = C + \gamma(Gov、R\&D)_{it} + \varphi Control_{it} + \varepsilon_2 \qquad (5\text{-}3)$$

$$PiPe_{it} = C + \phi InP_{it} + \lambda(Gov、R\&D)_{it} + \varphi Control_{it} + \varepsilon_3 \qquad (5\text{-}4)$$

在式（5-2）~式（5-4）中：C 为常数项；InP 为创新绩效；β、γ、ψ、λ、ϕ 等为待估参数；ε 为随机误差项。

需要指出的是，在统计检验上，中介效应的检验方法较多，在考虑检验错误和检验功效性上，方法各有优劣，单一方法的实用性较低（MacKinnon，Lockwood，2002）。温忠麟（温忠麟，叶宝娟，2014；温忠麟，张雷，2004）等在 Judd（Judd，Kenny，1981）、Sobel（Sobel，1982）、Baron（Reuben M Baron，David A Kenny，1986）等检验方法的基础上，构造了一个综合的中介效应检验程序，Sobel 检验。运用 Sobel 检验，能在较高的程度上避免犯第一类错误和第二类错误的概率。Hayes 使用非参数百分位 Bootstrap 的方法对中介效应进行检验（Hayes，2009；Hayes，Rockwood，2017；Hayes，Scharkow，2013），使中介效应的检验更为有效（温忠麟，叶宝娟，2014b）。因此，本研究借鉴温忠麟等的三步检验法对中介效应进行检验，并用 Hayes 等的 Bootstrap 方法对三步检验法进行验证。检验程序参如图 5-2 所示。

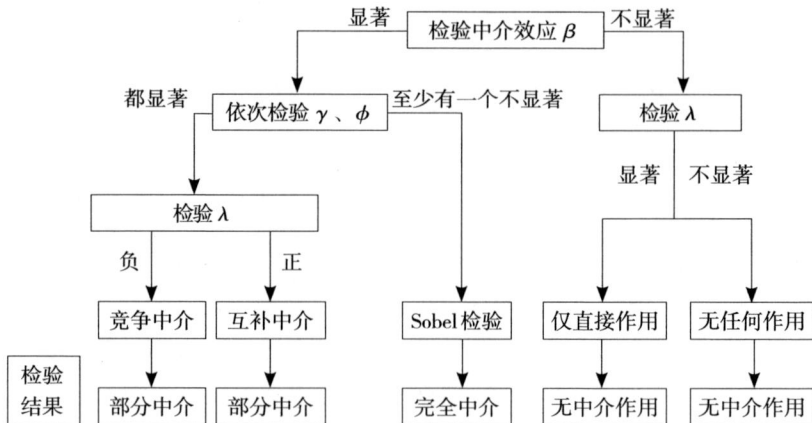

图 5-2　中介效应检步骤

（3）为研究创新能力在创新绩效影响企业绩效过程中的调节作用，即检验假设 H5，本研究借鉴王永健等的检验方法（王永健，谢卫红，2016），构建如下模型，记为式（5-5）和式（5-6）。

$$PiPe_{it} = C + \beta_1 InP_{it} + \beta_2 Inov_{it} + \varphi Control_{it} + \varepsilon_1 \qquad (5-5)$$

$$PiPe_{it} = C + \gamma_1 InP_{it} + \gamma_2 Inov_{it} + \gamma_3 InP_{it} \times Inov_{it} + \varphi Control_{it} + \varepsilon_2 \qquad (5-6)$$

5.3.2 样本选取与数据来源

本章选取在我国深圳证券交易所创业板上市的公司为目标公司,采用2009~2016年的面板数据作为研究样本。这是因为,一方面,在创业板上市的企业大多是高新技术企业,企业相对较为年轻,具有较高的成长性,并且更加关注创新活动;另一方面,创业板上市公司的相关数据披露较为完整,数据更容易获得,有利于研究目的的实现。数据筛选遵循以下原则:剔除金融保险类上市公司;剔除ST、*ST、PT上市公司;剔除数据严重缺失的上市公司;剔除没有检索到专利的上市公司。这些公司的政府研发资助数量、企业研发投入数量和研发人员数量等数据通过手工查阅这些公司的年报获得。专利相关数据来源于国家知识产权局网站。公司的其他数据来自国泰安(CSMAR)数据库。最终,共获得240家公司的1131个有效样本观察值。

5.3.3 变量测量

5.3.3.1 企业绩效(PiPe)

本章选择企业的财务绩效作为研究的因变量。企业绩效的衡量指标较多,营业收入是企业经营状况的直接反映,能直观表现企业财务年度的经营水平。因此本章借鉴Mann(Mann,Sager,2007)、Lee(B Lee,Cho,2015)、Stek(Stek,van Geenhuizen,2016)、王春豪(王春豪,张杰,2017)等人的研究将营业利润作为企业绩效的指标。

5.3.3.2 政府研发资助(Gov)

本章选取政府研发资助和企业研发投入作为自变量。政府研发资助是企业研发资金的重要来源,是国家实施创新驱动发展战略的重要组成部分,对企业创新和财务绩效有显著的影响。本章所述政府补贴是指政府对企业的直接资金支持。

5.3.3.3 企业研发投入(R&D)

企业研发投入是指,企业用于研究与开发的直接资金支出(钟祖昌,

2013）。本章主要研究企业投入对创新绩效的影响，因此本研究所述企业研发投入指企业内部直接用于研发资金的数量。

5.3.3.4 创新绩效（InP）

本章借鉴 Hirshleifer（Hirshleifer，Hsu，2013）、Jun（Jun，Genfu，2012）、Liu（X Liu，Buck，2007）、其格其（其格其，高霞，2016）等人的研究以专利申请量作为衡量企业创新绩效的指标。专利代表了知识产权，是主要的技术信息源（陈恒，侯建，2016），包含了90%～95%的世界科技技术信息，专利是衡量企业创新活动的常用指标（简泽，2008；刘督，万迪昉，2016）。各企业专利申请数据相对较容易获得、准确、完整，且较少受到授权审查机构的干扰，能够较为客观地体现企业的创新活动。

5.3.3.5 创新能力（Inov）

创新能力的测量方式在学术上存在一定程度的争议。本章借鉴 Hall、吴超鹏等人的研究（Bronwyn H. Hall，Jaffe，2005；吴超鹏，唐莪，2016），用两个指标来独立企业的创新能力：

（1）公司研发费用存量除以公司年末总资产来衡量企业的创新能力。其中，公司研发费用存量的计算公式为：

$$S_{it} = (1-\delta)S_{it-1} + r_{it} \tag{5-7}$$

式中：S_{it} 为 t 年末的研发费用存量；r_{it} 为第 t 年当年的研发费用；δ 为折旧率，折旧率设定为15%。

（2）单位资产专利授权存量（patent stock/asset）。其中，patent 表示专利授权存量，asset 为年末总资产（单位：千万人民币），创新能力用企业年末授权专利存量与年末总资产比值来衡量。

5.3.3.6 控制变量（Control）

考虑到其他因素对企业绩效的影响，本章借鉴了 Yoon（Yoon，Solomon，2017）、Bos（Bos，Faems，2017）、胡华夏（胡华夏，洪荭，2017）等人的研究，选取资产负债率、公司规模、销售费、企业所属行业、公司年龄等作为控制变量。各变量的具体定义见表5-1。

表 5-1 主要变量符号及定义

变量类别	变量名称	符号简写	含义
因变量	企业绩效	PiPe	营业收入减去成本和相关税费
自变量	政府补贴	Gov	公司当年获得的直接政府补助资金总数并取对数
	企业投入	R&D	公司投入的研发资金总数并取对数
中介变量	创新绩效	InP	公司拥有的发明专利申请数量加 1 并取对数
调节变量	创新能力	InovA	公司研发费用存量除以公司年末总资产
		InovB	年末授权专利存量与年末总资产比值
控制变量	资产负债率	Lev	企业年末总资产 / 总负债
	公司规模	Size	公司年末资产总额并取对数
	销售费用	Sexp	公司本会计期间销售费用并取对数
	行业	Indus	企业所属行业
	公司年龄	Age	公司上市日期到统计截止日的时间跨度加 1 取对数

5.4 实证分析

5.4.1 描述性统计分析

表 5-2 列出了各主要变量的描述性统计分析结果,包括均值、标准差、最小值、中值和最大值。可以看出,部分变量标准差较大,表明该变量的离散程度较大。为消除异常值可能对回归分析造成的影响,本章在进行其他统计分析前对主要变量两端各 1% 进行了 winsorize 处理。

表 5-2 各变量的描述性统计分析

变量名称	变量符号	观测数	均值	标准差	最小值	中值	最大值
企业绩效	PiPe	1131	5.491	1.195	3.689	5.069	8.194
政府补贴	Gov	1131	16.18	0.934	12.84	16.20	17.60
企业投入	R&D	1131	17.72	0.904	16.12	17.56	19.38
创新绩效	InP	1131	2.601	1.149	0.693	2.398	5.273

续表

变量名称	变量符号	观测数	均值	标准差	最小值	中值	最大值
创新能力 A	*InovA*	1131	0.081	0.068	0.005	0.063	0.496
创新能力 B	*InovB*	1131	0.89	1.22	0.03	0.46	13.98
资产负债率	*Lev*	1131	0.233	0.168	0.0415	0.165	0.748
公司规模	*Size*	1131	21.40	0.806	20.10	21.52	23.19
销售费用	*Sexp*	1131	18.18	0.935	15.69	18.26	20.27

表5-3列出了各主要变量的相关分析结果，可以看出，各变量间的相关系数均小于0.75，呈现中等程度的显著相关性，这表明各变量之间不存在明显的多重共线性问题。

表5-3　主要变量描述性统计分析

变量	1	2	3	4	5	6	7	8
Gov	1							
R&D	0.355***	1						
InP	0.721***	0.485***	1					
InovA	0.412***	0.329***	0.510***	1				
InovB	0.102**	0.171***	0.253***	0.030*	1			
Lev	−0.528**	0.126***	0.331***	0.207***	−0.188**	1		
Size	0.626***	0.443***	0.726***	0.479***	0.050*	0.462***	1	
Sexp	0.547***	0.329***	0.566***	0.359***	0.066**	0.156***	0.502***	1
Age	0.409***	0.128***	0.434***	0.438***	0.085**	0.323***	0.442***	0.351***

注　***、**、*分别表示变量在1%、5%、10%的水平上显著。

5.4.2　直接效应和中介效应的检验

在进行模型选择时，Wald检验和LR检验在1%的水平上拒绝混合效应模型。Haussman检验在1%的水平上拒绝随机效应模型。因此本章在进行回归分析时采用固定效应模型。本章借鉴刘超（刘超，刘新梅，2017）、张振刚（张振刚，陈志明，2015）等人的研究，采用两种方式对中介效应进行检验。即首先根据Baron和Kenny（R. M. Baron，D. A. Kenny，1986）所提供的中介效应的检验方法，运用层次回归分析来检验本章所提出的中介效应假设；其次，运用Preacher和Hayes（Preacher，Hayes，2004）开发的非参数百分位Bootstrap的方法对中介效应进行验证，这种方法的优点在于，它不仅能够计算出中介效应的显著性水平，还能计算出中介效应的大小，弥补了Baron和Kenny中介效应检验方法的不足。

运用层次回归分析的结果见表5-4。模型1和模型4是自变量对因变量的回归，模型2和模型5是自变量对中介变量的回归，模型3和模型6是在控制自变量的前提下中介变量对因变量的回归。从表5-4的模型1和模型4可以看到，政府补贴（$\beta=0.193$，$p<0.01$）和企业投入（$\beta=0.298$，$p<0.01$）与企业绩效显著正相关。假设H1和H2获得支持。从表5-4的模型2和模型5可以看出到，政府补贴（$\beta=0.266$，$p<0.01$）和企业投入（$\beta=0.381$，$p<0.01$）对创新绩效的影响达到正向显著。从表5-4的模型3（$\beta=0.176$，$p<0.01$）和模型6（$\beta=0.050$，$p<0.05$）可以看到，在分别控制政府补贴和企业投入的情况下，创新绩效对企业的财务绩效有显著的正向影响。假设H3获得支持。因此，综合模型1、2和3可以得出，创新绩效中介了政府补贴和企业绩效；综合模型4、5和6可以得出，创新绩效中介了企业投入和企业的财务绩效，假设H4A和H4B得以验证。

运用非参数百分位Bootstrap的方法对中介效应进行检验的结果如表5-4所示。创新绩效的中介效应在99%的置信区间分别为（0.0295，0.0669）和（0.0057，0.0385），均不包含0，所以中介效应在1%的置信度水平下是显著的，从而进一步验证了假设H4A和H4B。

表5-4 创新绩效的中介效应分析

变量	模型1	模型2	模型3	模型4	模型5	模型6
	PiPe	InP	PiPe	PiPe	InP	PiPe
Lev	−0.533***	−0.110	0.169	−0.143*	−0.178*	−0.452***
Size	0.602***	0.448***	0.471***	0.497***	0.101	0.584***

续表

变量	模型 1	模型 2	模型 3	模型 4	模型 5	模型 6
$Sexp$	0.407***	0.010	0.182***	0.223***	0.028	0.051***
Age	0.083***	0.029*	0.277***	0.297***	0.520***	−0.046
InP			0.176***			0.050**
Gov	0.193***	0.266***	0.146***			
$R\&D$				0.298***	0.381***	0.279***
$Indus$	Yes	Yes	Yes	Yes	Yes	Yes
Obs	1131	1131	1131	1131	1131	1131
$Adj\text{-}R^2$	0.601	0.172	0.623	0.539	0.199	0.634
F 值	341.96***	48.70***	309.12***	930.02***	57.44***	618.27***

用 Bootstrap 法验证中介效应

关系	总效应	直接效应	间接效应	99% 的置信区间	中介类型
Gov–InP– Per	0.1928***	0.1460***	0.0468	［0.0295，0.0669］	部分中介
R&D–InP– Per	0.2979***	0.2787***	0.0192	［0.0057，0.0385］	部分中介

注 ***、**、* 分别表示变量在 1%、5%、10% 的水平上显著，双边检验，Bootstrap=5000。

5.4.3 调节效应的检验

本章借鉴苏中锋（苏中锋，王海绒，2016）等的研究，采用多元回归的方法对调节效应进行检验，具体分析分两步进行。第一步将控制变量、自变量和调节变量加入回归模型；第二步将控制变量、自变量、调节变量和自变量与调节变量的交互项加入回归方程。为减少交互项可能导致的多重共线性问题，本章在进行调节效应分析时对相关变量进行了标准化处理。回归分析结果如表5-5所示。模型8的回归结果表明，创新能力（$InovA$）与创新绩效的交互项与企业绩效正相关（β =0.181，$p<0.01$），即创新能力在创新绩效与企业绩效间起显著的正向调节作用。模型10的回归结果表明，创新能力（$InovB$）与创新绩效的交互项与企业绩效正相关（β =0.230，$p<0.05$），即创新能力在创新绩效与企业绩效间起显著的正向调节作用。

表 5-5 创新能力的调节作用分析

变量	模型 7	模型 8	模型 9	模型 10
Lev	−0.529***	−0.532***	−0.498***	−0.498***
Size	0.597***	0.589***	0.528***	0.512***
Sexp	0.403***	0.399***	0.365***	0.363***
Age	0.081***	0.079***	0.167***	0.160***
InP	0.013**	0.264**	0.023***	0.416**
InovA	0.024***	0.065*		
InP × *InovA*		0.181***		
InovA			0.224**	0.105*
InP × *InovB*				0.230**
Indus	Yes	Yes	Yes	Yes
Obs	1131	1131	1131	1131
Adj–R²	0.617	0.689	0.635	0.702
F 值	867.74***	747.54***	967.24***	833.41***

注 ***、**、* 分别表示变量在 1%、5%、10% 的水平上显著。

为了进一步探讨创新能力的调节作用，分析不同程度的创新能力在创新绩效对企业绩效影响过程中的调节作用，参照 Wang（Q. Wang，Yuan，2018）、Andiappan（Andiappan，Dufour，2018）等人的研究方法，将创新能力分为高低两组，分别进行回归分析。调节效应的分析结果如图5-3、图5-4所示。

从图5-3可以看到，创新能力（InovA）对创新绩效与企业绩效间的关系有正向调节作用。此时创新绩效与企业绩效为正向关系，表明高创新能力的企业有更好的协调公司行为、流程和战略意图等之间的关系，利用企业创新资源开发新产品或开拓新市场并将企业现有创新成果进行商业化以产生财务绩效的能力；低创新能力意味着企业协调公司行为、流程和战略意图等之间的关系，利用企业创新资源开发新产品或开拓新市场并将企业现有创新成果进行商业化以产生财务绩效的能力有限。从图5-4中可以看出创新能力对创新绩效与企业绩效间的关系有正向调节作用。创新绩效与企业绩效间的关系为正，意味着高创新能力比低创新能力的企业能够更有效协调公司行为、流程和战略意图等之间的关系，利用企业创新资源开发新产品或开拓新市场并将企业现有创新成果进行商业化以产生财务绩效，假设H5成立。

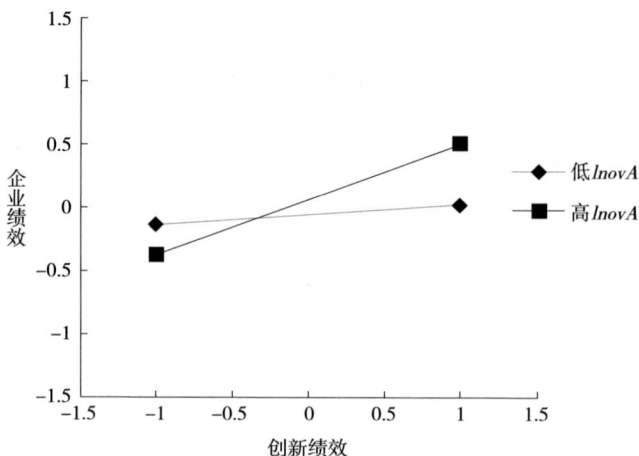

图5-3　创新能力调节作用图（一）

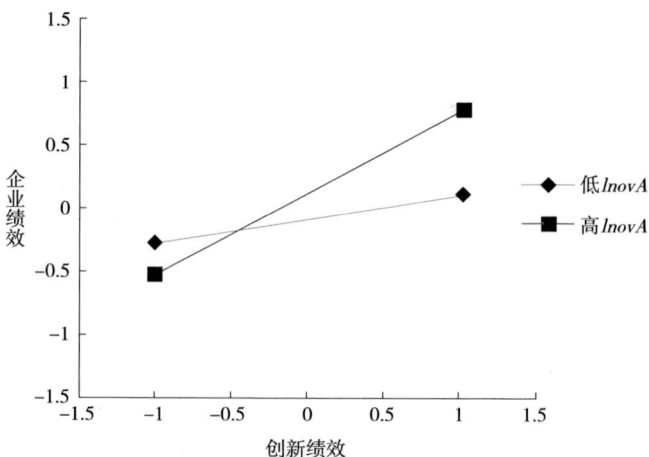

图5-4　创新能力调节作用图（二）

5.4.4　稳健性检验

为保障上述研究的稳健性，增强研究结论的可信度，本章采用资产回报率（ROA）作为衡量企业绩效的替代变量，重新对模型进行了回归分析。统计结果在系数上虽然有一定程度的变化，但其方向和显著性与前文基本一致，研究的最终结论没有本质差异。稳健性检验结果说明，本章的研究结论是比较稳健的，具有较强的可靠性。统计结果如表5-6所示（仅列出中介效应的统计结果，其他统计及相关论述略去）。

表5-6 直接效应和中介效应稳健性检验结果

变量	模型 11	模型 12	模型 13	模型 14	模型 15	模型 16
	ROA	InP	ROA	ROA	InP	ROA
Lev	−0.563***	−0.072	−0.561***	−0.520***	−0.178**	−0.512***
Size	0.815***	0.250***	0.822***	0.635***	0.101	0.642***
Sexp	0.119***	0.071**	0.121***	0.0519**	0.028	0.054**
Age	−0.082*	0.632***	−0.064	−0.129***	0.520***	−0.094**
InP			0.1557***			0.067***
Gov	0.176***	0.266***	0.134***			
R&D				0.260***	0.380***	0.235***
C	0.602**	−3.365***	0.505***	0.735***	−3.40***	0.508**
Indus	Yes	Yes	Yes	Yes	Yes	Yes
Obs	1131	1131	1131	1131	1131	1131
Adj-R2	0.664	0.245	0.667	0.676	0.260	0.681
F 值	296.58***	310.55***	338.19***	232.17***	240.61***	246.80***

用 Bootstrap 法验证中介效应					
关系	总效应	直接效应	间接效应	99% 的置信区间	中介类型
Gov–InP–pro	0.1759***	0.1344***	0.0415	[0.0240, 0.0628]	部分中介
R&D–InP–pro	0.2601***	0.2346***	0.0255	[0.0088, 0.0504]	部分中介

注 ***、**、* 分别表示变量在 1%、5%、10% 的水平上显著，双边检验，Bootstrap=5000。

5.5 主要研究结论及启示

为探讨政府研发资助、企业研发投入对企业绩效的影响，以及创新绩效和创新能力在此过程中的作用。本章选取了 2009～2016 年中国创业板上市 240 家公司的面板数据，采用多元回归的方法进行实证研究。

5.5.1 主要研究结论

（1）政府补贴和研发投入与企业绩效间存在显著的正相关关系。该结论不同于武咸云、Amir 等人研究，企业创新投入会带来企业当期费用的增加，进而对企业绩效产生负面效应的研究结论。通过实证分析发现，我国创业板上市公司，企业创新投入与企业绩效正相关。企业创新投入虽然会使企业费用增加，但我国创业板上市公司，是一些具有较高创新性和成长性的公司，通过创新投入带动企业技术和产品上的创新，从而形成企业核心竞争优势，由技术创新所带来的企业效益，可以弥补科技投入的费用支出，对企业绩效形成正向促进作用。因此，总体上，我国创业板上市公司，企业创新投入会显著促进企业绩效。

（2）以专利为替代变量的创新绩效，在政府补贴和企业研发投入与企业绩效间起部分中介作用，即政府补贴和企业研发投入不仅直接影响企业绩效，还通过创新绩效来影响企业绩效。基于中介效应的计量检验清晰地揭示出，我国创业板上市公司存在创新投入—创新绩效—企业绩效的传导影响机制。创新绩效是创新投入的重要产出品，同时也是创新绩效的重要衡量指标，以专利为替代变量的创新绩效为中介作用的效果显著，说明专利在维持企业差异化，提升企业竞争优势方面发挥着重要作用。专利不仅可以通过授权、许可等方式为企业带来直接财务收益，同时还可以通过保护企业的创新成果以及使企业新技术和新产品免遭其他企业模仿而间接获得财务收益。因此，企业创新投入可以通过专利这一指标间接影响企业绩效。

（3）创新能力即协调公司行为、流程和企业战略意图的关系来开发新产品并使之商业化形成新市场以产生财务绩效的能力，与创新绩效的交互作用对企业绩效有显著的促进作用，创新能力正向调节企业创新绩效对企业绩效的影响。由于创新能力能有效协调公司行为、流程和企业战略意图的关系来开发新产品并使之商业化迅速占领新市场，以达到企业价值最大化的目标。因此，这一结论从实证的角度进一步验证了资源基础理论中，企业对各种资源在创新过程和资源转化过程中作用的分析。此前的有关研究多从企业组织内部学习机制出发，研究创新能力对组织创新的影响（Cohen，Levinthal，2000；Zaheer，Bell，2005；Zahra，George，2002），而较少将其对资源的整合和协调公司行为并使之商业化的能力考虑进来，探讨其对企业绩效的影响。在有限的将社会网络理论与创新能力相结合的研究中，其研究内容也主要是探讨企业在其网络位置中与创新能力共同作用对企业创新绩效的影响（Tsai，2001）。因此，本研究也是对创新能力在对企业组织协调能力和知识与资源利用及整合能力对企业创新绩效和财务绩效影响研究的进一步丰富和完善。

5.5.2 研究实践启示

（1）积极营造有利条件，提升企业的整体创新水平。由于政府补贴和企业研发投入不仅可以直接对企业绩效产生正向影响，而且可以通过创新绩效来影响财务绩效。为增强企业的整体创新水平和绩效水平，一方面，为增强政府补贴和企业研发投入对企业绩效的直接影响，以及政府补贴和企业研发投入通过创新绩效对企业绩效的间接影响，政府应继续发挥其对企业创新的引导作用。增强对企业创新的支出力度，充分发挥政府政策的引导的作用，鼓励企业加大研发投入。另一方面，地方政府除了增加对企业研发资助来促进企业创新外，还可以进一步提高知识产权保护水平和执法效率，并对知识产权执法效果进行实时监督，确保企业研发创新收益。激发企业自主研发热情和研发意愿，为企业自主创新提供有效的制度保障。此外，创新绩效在保持企业间的资源的差异性，维持企业的持续竞争优势方面发挥着重要作用，并以此为企业带来更多财务效益。因此，企业在加强科技投入力度，保持企业的创新优势的同时，应重视并加强企业对知识产权的保护力度。

（2）加强企业内外部的资源整合，提升企业整合、利用和转化资源水平。由于企业的创新能力，即企业协调公司行为、流程和企业战略意图的关系来开发新产品并使之商业化形成新市场以产生财务绩效的能力能够增强企业创新绩效对企业绩效的影响。因此，企业应明确其在创新过程中的主导作用，为提升企业绩效，企业在增强研发投入的同时，应加强企业研发人才队伍建设和组织架构建设，提升企业对资源的利用效率，保持企业长期的竞争优势。此外，企业应更加有针对性地将创新能力转化为企业的核心竞争力，加强企业对内外部各种资源的有效整合，有效地将资源转化为创新成果并使之商业化的能力，提升企业整体价值。

第 6 章

促进我国企业技术创新的启示与建议

从国家创新驱动政策和知识产权政策出发，结合我国企业研发投入对创新绩效和企业绩效的影响，通过梳理我国创新政策和知识产权政策的制度的演化，本研究试图更准确的指出政府补贴和企业研发投入在企业创新过程中的作用，以及政府和企业在政策变化过程中所扮演的角色。而不是建立一套全新的制度体系和创新发展方案。

6.1　政府创新资助政策及启示

6.1.1　创新政策变迁

2006年国务院发布了《国家中长期科学和技术发展规划纲要（2006—2020年）》，对政府支持企业创新提出新的要求。该《纲要》指出"大幅度增加科技投入，确保财政科技投入的稳定增长，企业研发投入强度明显提升，科技创新投融资渠道进一步拓展。"从中可以看出，这时制度体系对政府支持在企业创新过程中作用的重视，并已经体现出对企业自主创新的关注。

2015年，《中共中央国务院关于深化体制机制改革加快实施创新驱动发展战略的若干意见》发布。该《意见》指出"营造激励创新的公平竞争环境，强化竞争政策和产业政策对创新的引导，促进优胜劣汰，增强市场主体创新动力。"该制度的使企业创新政策有了进一步的飞跃，政府逐渐意识到在企业创新的过程中，由政府主导创新到政府引领企业自主创新的转变。

2016年，中共中央和国务院联合印发了《国家创新驱动发展战略纲要》。该《纲要》指出："坚持创新驱动实质是人才驱动，尊重创新人才创造的价值，加快汇聚一支规模宏大、结构合理、素质优良的创新型人才队伍。"这一政策立足于国家政策创新驱动，并注意到尊重人才和人才所创作的价值对激励创新的重要作用。

6.1.2　创新政策启示

明确政府补贴在企业创新过程的角色定位。"创新驱动发展战略"中，政府研发资助并非仅仅直接作用于创新绩效和企业的财务绩效，而是除直接作用外，还通过企业自身的研发投入和专利来间接促进企业创新绩效和财务绩效。政府补贴政策由最初的政府引领企业自主创新，到政府引领企业通过市场竞争创新以及到注重人才和人才所创作的价值在创新过程中作用的转换。但是，由于研发活动具有正的外部性、知识外溢等公共品的属性，导致企业研发投入力度在一定程度上低于社会最优值（Spence，1986；Takalo，Tanayama，2013）。因此，政府通过研发资助的方式对市场进行干预，是弥补市场失灵的重要手段（Bronzini，Piselli，2016）。政府应完善政府补贴对企业投入的引导作用。研发支出相当于企业投入的大额固定成本，有能力进行大规模研发的企业数量较少，从而导致市场的不完全竞争，影响资源分配的效率。因此，政府应引导企业的创新活动，使创新投入逐步成为企业的自主行为。扩大政府对企业研发资助规模的同时，应考虑政府补贴对创新绩效的影响效率。政府应明确其资助目标是提升企业的自主创新能力，制订有针对性的政府研发资助计划，重点资助研发基础相对薄弱且有创新潜力和资源转化吸收潜力的公司，增强对有类似目标需求并拥有相应资源能力的企业的资助，通过目标协同来共同推动政府补贴对创新绩效的正向作用的发挥。构建政府补贴的事前预估—事中考核—事后评价的目标考核系统，以确保政府补贴促进创新绩效目标的实现。

6.2 企业知识产权和创新管理启示

6.2.1 知识产权政策变迁

2008年国务院颁布《国家知识产权战略纲要》，该纲要指出要实施知识产权战略："到2020年把我国建设成为知识产权创造、运用、保护和管理水平较高的国家，运用知识产权的效果明显增强，知识产权保护状况明显改善，社会知识产权意识普遍提高。"可以看出，这时的制度体系充分意识到知识产权保护在国家创新体系中的重要作用。

2012年国务院办公厅转发《关于加强战略性新兴产业知识产权工作的若干意见》。该《意见》指出："分充分认识知识产权对培育和发展战略性新兴产业的重要意义；明确战略性新兴产业知识产权工作思路和目标；促进知识产权创造，夯实战略性新兴产业创新发展基础；促进知识产权市场应用，推动战略性新兴产业实现知识产权价值。"这一政策立足于国家战略新兴产业,充分意识到企业作为知识的生产者和市场活动的主要参与者在创新过程中的重要作用。从该战略也可以看到企业在国家创新过程中的重要作用。这充分体现了本研究提到的专利在当前经济环境下对企业促进财务绩效,保持持续的市场竞争优势的重要作用。

2015年12月,国务院颁发了《关于新形势下加快知识产权强国建设的若干意见》,明确提出,要加强知识产权人才的队伍建设,贯彻落实专利质量提升工程,实现专利的从大到强,从多向优的转变。这一政策明确将提升专利质量提升到建设知识产权强国的战略层面上来,充分体现了本研究提到的专利质量在对企业绩效影响过程中的重要作用。

6.2.2　企业知识产权管理启示

结合上述国家知识产权政策相关制度的变迁以及本研究的研究内容,企业在知识产权管理过程中,应根据自身情况制定相应的知识产权保护和知识产权管理策略。由于不同行业对于创新依赖的程度和侧重点不同,在企业创新管理过程中应根据公司所在行业合理安排创新资源。对所有行业而言,专利数量和专利质量对企业绩效均有显著的促进作用,因此在企业创新管理中,应考虑在专利数量层面的提供资源,增加企业专利存量和专利增量;同时注意专利质量方面的管理。而对于不同行业而言,技术密集型行业和资本密集型行业专利数量和专利质量对企业绩效均有显著的促进作用。因此,在技术密集型行业和资本密集型行业应同时考虑在专利数量的增加和专利质量的提升方面加强管理,但是资本密集型行业相对技术密集型行业而言,对专利数量的依赖性更强;而技术密集型行业与资本密集型行业相比,则更加依赖专利质量,因此技术密集型行业应更加注重对专利质量的提升,而资本密集型行业则应加强对专利数量的管理。在劳动密集型行业,企业绩效的影响因素对专利数量的依赖性较强,而对专利质量的依赖较弱,因此,企业在创新管理时应将更多的资源投入专利数量的增长量和累积量上来。

6.2.3　企业创新管理启示

基于上述国家创新政策驱动和知识产权政策的变迁,企业创新的启示:

（1）明确企业在创新过程中的角色定位。企业应继续发挥其在创新过程中的主导作用，企业在接受政府补贴的同时，应保持创新活动的自主性，积极营造有利条件，提升企业的创新水平。在加大研发投入力度的同时，应同时加强企业研发人才队伍建设和组织架构建设，提升企业对各种资源的利用效率。由于吸收能力正向调节了企业投入对创新绩效的影响，因此，企业应加强对各种资源的整合能力，增强企业投入和吸收能力对创新绩效的影响。

（2）积极营造有利条件，提升企业的整体创新水平。由于政府补贴和企业研发投入不仅可以直接对企业绩效产生正向影响，而且可以通过创新绩效来影响财务绩效。为增强企业的整体创新水平和绩效水平，一方面，为增强政府补贴和企业研发投入对企业绩效的直接影响，以及政府补贴和企业研发投入通过创新绩效对企业绩效的间接影响，政府应继续发挥其对企业创新的引导作用。增强对企业创新的支出力度，充分发挥政府政策的引导的作用，鼓励企业加大研发投入。另一方面，地方政府除了增加对企业研发资助来促进企业创新外，还可以进一步提高知识产权保护水平和执法效率，并对知识产权执法效果进行实时监督，确保企业研发创新收益。激发企业自主研发热情和研发意愿，为企业自主创新提供有效的制度保障。此外，创新绩效在保持企业间的资源的差异性，维持企业的持续竞争优势方面发挥着重要作用，并以此为企业带来更多财务效益。因此，企业在加强科技投入力度，保持企业的创新优势的同时，应重视并加强企业对知识产权的保护力度。

（3）注重企业研发投入与企业吸收能力的协调提升。由于吸收能力正向调节了企业研发投入在政府补贴和企业创新绩效间的中介作用，因此，企业不仅要加强对外部资源内向转化为企业研发资源，提升政府补贴资金的利用效率以传导企业研发投入对创新绩效影响的能力，同时还应提升吸收能力，即企业获取、吸收、转化和利用企业内外部资源并将其转化为创新成果的能力在增强企业研发投入的传导作用，最大程度增强政府补贴对创新绩效的影响。

（4）加强企业内外部的资源整合，提升企业整合、利用和转化资源水平。由于企业的创新能力，即企业协调公司行为、流程和企业战略意图的关系来开发新产品，并使之商业化，形成新市场以产生财务绩效的能力能够增强企业创新绩效对企业绩效的影响。因此，企业应明确其在创新过程中的主导作用，为提升企业绩效，企业在增强研发投入的同时，应加强企业研发人才队伍建设和组织架构建设，提升企业对资源的利用效率，保持企业长期的竞争优势。此外，企业应更加有针对性地将创新能力转化为企业的核心竞争力，加强企业对内外部各种资源的有效整合，有效地将资源转化为创新成果并使之商业化的能力，提升企业整体价值。

第 7 章

研究结论与展望

本书主要探讨了企业创新投入、创新绩效和企业绩效之间相互影响关系，以及企业内部其他因素对上述关系的影响，具体而言可以分为七个主要部分：第一部分为研究背景、研究目的、研究意义及本书框架；第二部分为主要概念的界定和以往研究综述；第三部分分析了创新投入中政府补贴、企业研发投入与创新绩效间的互动关系，以及吸收能力在上述过程中的作用；第四部分从专利数量和专利质量视角，分析了创新绩效对企业绩效的影响、不同行业企业专利数量和专利质量对企业绩效的影响差异以及企业的创新能力在上述过程中的调节作用；第五部分研究了创新投入—创新绩效—企业绩效之间的影响传导机制以及企业对资源整合转化能力对上述关系的影响；第六部分归纳总结了国家创新政策和知识产权政策的演化及政策和管理启示；第七部分为总体研究结论与未来研究展望。

7.1　主要研究结论

通过对创业板上市公司创新投入、创新绩效和企业绩效之间关系的实证研究，本研究的主要研究结论包括以下七个方面：

（1）企业研发投入在政府补贴和创新绩效间起中介作用。通过文献回顾、理论分析和实证检验发现，政府研发资助通过企业研发投入促进了企业创新绩效的提升，即企业研发投入在政府补贴和企业创新绩效间起中介作用。具体而言，政府补贴对企业研发投入有显著的正向促进作用；政府补贴对企业创新绩效有显著的促进作用；企业研发投入对创新绩效有显著的促进作用；企业研发投入在政府补贴和创新绩效间起中介作用。以往在研究政府补贴、企业投入和创新绩效相互关系的文献中，仅考虑政府补贴对企业研发投入的影响或政府补贴对创新绩效的影响，得出政府补贴对研发投入、创新绩效或促进过抑制的作用。而本研究将三者同时纳入研究范畴，考察两者之间的传导作用，本研究的结论表明政府补贴和企业投入不仅直接正向促进企业创新绩效，而且政府补贴还通过企业投入正向影响企业创新绩效。

（2）吸收能力在企业研发投入对创新绩效影响的过程中起调节作用。企业研发投入与企业创新绩效之间的关系受到企业吸收能力的影响，即企业吸收能力正向调节了企业研发投入对企业创新绩效的影响。以往学者在对吸收能力与创新或创新绩效进行研究时，将吸收能力作为自变量或中介变量，来考察吸收能力对企业创新或创新绩效的直接影响，或吸收能力通过企业因素来影响企业创新或创新绩效。本研究将吸收能力作为调节变量，通过对创业板上市的实证数据进行分析发现，由于吸收能力可以帮助企业获取、吸收、转化和利用企业内外部资源并将其转化为创新成果，因此，吸收能力不仅正向促进企业创新绩效，而且吸收能力还正向调节企业研发投入对创新绩效的影响。与低吸收能力的企业相比，具有高吸收能力的企业，其企业投入对创新绩效的影响更加明显，即吸收能力促进企业研发投入对创新绩效的正向影响。

（3）吸收能力正向调节了企业投入在政府补贴和创新绩效间的中介效应。企业研发投入在政府补贴和企业创新绩效间的中介效应受吸收能力的调节，即吸收能力调节了企业投入在政府补贴和创新绩效间的中介效应。当组织吸收能力增强时，政府补贴才能更好地通过企业研发投入来提升企业的创新绩效。本研究的实证结果表明，吸收能力作为调节变量，促进了企业投入在政府补贴和创新绩效间中介效应的关系。即随着企业吸收能力的增强，其企业投入在政府补贴和创新绩效间的中介效也随之增强。此外，由于政府补贴作为企业创新的重要外部资源获取渠道，因此，该结论从实证的角度进一步验证了资源依赖理论中，企业各种资源在创新过程中作用的分析。高吸收能力的企业能够更好地利用企业各种资源，提升创新绩效。

（4）在不分行业的情况下，专利质量和专利数量均对企业绩效有显著的促进作用。发明专利申请量是公司在一个会计期间所提交给专利审查部门的发明专利数量。Ernst的专利组合理论运用专利活动与专利质量作为企业专利评价指标，以专利申请量作为企业专利组合的评价指标，认为专利申请量的企业更富有创新性和开拓性，专利申请量不仅在一定程度上反映了企业专利的数量情况，同时还反映了企业的创新活跃程度，而创新对企业绩效有促进作用，因此专利申请量多的企业，企业绩效也更高。

（5）将企业按照要素密集度进行分类后，从行业特征来看，技术密集型、资本密集型和劳动密集型行业对专利数量的依赖性逐渐增强，而对专利质量的依赖性逐渐减弱。具体而言，专利数量对三个行业的企业绩效均有显著促进作用；但是，在技术密集型行业，专利数量对企业绩效的影响要低于资本密集型行业和劳动密集型行业；专利质量对技术密集型行业和资本密集型行业的企业绩效均有显著的促进作用，而对劳动密集型行业企业绩效的影响虽然为正，但仅专利维持时间在5%的水平上达到显著性水平，发明专利授权率和发明专利在三种专利中所占比例对企业绩效的影响均不显著。

（6）创新绩效在政府补贴和企业研发投入影响企业绩效的过程中起中介作用。以专利为替代变量的创新绩效，在政府补贴和企业研发投入与企业绩效间起部分中介作用，即政府补贴和企业研发投入不仅直接影响企业绩效，还通过创新绩效来影响企业绩效。基于中介效应的计量检验清晰地揭示出，我国创业板上市公司存在创新投入—创新绩效—企业绩效的传导影响机制。创新绩效是创新投入的重要产出品，同时也是创新绩效的重要衡量指标，以专利为替代变量的创新绩效为中介作用的效果显著，说明专利在维持企业差异化，提升企业竞争优势方面发挥着重要作用。专利不仅可以通过授权、许可等方式为企业带来直接财务收益，同时还可以通过保护企业的创新成果以及使企业新技术和新产品免遭其他企业模仿而间接获得财务收益。因此，企业创新投入可以通过专利这一指标间接影响企业绩效。

（7）创新能力正向促进创新绩效对企业绩效的影响。创新能力即协调公司行为、流程和企业战略意图的关系来开发新产品并使之商业化形成新市场以产生财务绩效的能力，与创新绩效的交互作用对企业绩效有显著的促进作用，创新能力正向调节企业创新绩效对企业绩效的影响。由于创新能力能有效协调公司行为、流程和企业战略意图的关系来开发新产品并使之商业化迅速占领新市场，以达到企业价值最大化的目标。因此，这一结论从实证的角度进一步验证了资源基础理论中，企业对各种资源在创新过程和资源转化过程中作用的分析。此前的有关研究多从企业组织内部学习机制出发，研究创新能力对组织创新的影响，而较少将其对资源的整合和协调公司行为并使之商业化的能力考虑进来，探讨其对企业绩效的影响。在有限的将社会网络理论与创新能力相结合的研究中，其研究内容也主要是探讨企业在其网络位置中与创新能力共同作用对企业创新绩效的影响。因此，本研究也是对创新能力在对企业组织协调能力和知识与资源利用及整合能力对企业创新绩效和财务绩效影响研究的进一步丰富和完善。

7.2 研究的局限性与未来研究展望

在目前的研究中，虽然研究政府补贴对企业研发投入、企业创新或创新绩效的文献较多，但是从专利的角度将政府补贴、企业研发投入、创新绩效、企业绩效等综合考察几者之间相互作用关系的文献则较少，而企业内部其他因素对上述各变量之间关系影响的文献则少之又少。本研究运用实证的方法，对上述几者之间的相互影响关系，以及吸收能力和创新能力在上述关系中的作用进行了探索性研究，但是还有一些问题有待以后进一步深入分析：

（1）在样本选择上，本研究的研究样本为创业板2009~2016年的上市公司，创业板上市公司于2009年开始上市交易，至本研究样本收集截止日2016年底仅有8年的资料，而2009年上市的公司仅有36家，2013年没有公司上市，截至2016年底上市公司数量为572家。如果去掉上市公司当年的资料和数据大量缺失的资料，那么很多公司的资料不连续，受限于时间和样本特征。虽然本研究在经过统计检验后，得到一些初步结论，但是由于样本缺失和不连续而可能给统计分析而不可避免地带来一定程度的误差，有待进一步深化研究。

（2）进一步研究企业创新投入和创新绩效的测量和影响因素。本研究在研究创新绩效时，主要以专利申请量作为测量指标。采用专利申请量指标来衡量创新绩效虽然获得学界的广泛支持，但是仅采用该指标来衡量企业的创新绩效较为单一，仅能从专利层面反映企业的创新状况，而很难做到全面反映企业的创新水平，因此，以后研究可以考虑采用多维度测量企业的创新和创新绩效。在研究影响企业创新绩效的影响因素时，本研究的研究主要分析了政府补贴和企业投入对创新绩效的影响。主要内容包括政府补贴和企业研发投入对创新绩效的之间影响，企业研发投入对创新绩效的影响，以及政府补贴通过企业研发投入对创新绩效的影响。影响企业创新绩效的因素较多，如组织结构、企业员工状况、企业所在地的知识产权保护强度等，因此，未来研究可以考虑多维度影响企业创新绩效的因素。

（3）进一步从企业创新投入或专利角度研究企业创新绩效对企业绩效影响的研究。以往在研究创新投入对企业绩效的影响时，多从单一因素考察期对企业绩效的影响。本研究虽然同时将政府补贴、企业自主研发投入以及企业协调能力和创新成果转化能力等几个方面同时考察期对企业绩效的影响。但是在以专利为衡量创新绩效的指标时，由于学界对专利质量的定义并未达成一致意见，所以在选取专利质量指标时仅选取了学者较常用的指标。此外，专利引用相关指标在衡量专利质量时虽然有一定程度的局限性，但是作为衡量专利质量的指标之一，不失为一个较为客观的衡量专利质量的指标，并且获得较多学者的肯定，由于我国尚未有较为权威的专利引用数据库，因此在今后的研究中应对该问题进行持续关注。

（4）政府补贴和企业研发投入对专利质量和专利数量的影响差异。现有研究表明，政府补贴和企业研发投入可以促进企业专利数量的提升，但是对政府补贴和企业研发投入是否已经如何促进企业专利质量的内在机制仍不清晰。专利质量反映了企业创新的创造性、新颖性和实用性，本研究表明专利质量对企业绩效有显著的促进作用。近年来，在我国专利申请量大幅度提升的背景下，企业专利质量是否也同样得到提升，以及政府补贴和企业研发投入如何影响企业专利质量，是一个具有现实意义的问题，需要进一步研究探讨。

参考文献

[1] A G, K S.R&d capital, rate of return on r&d investment and spillover of r&d in japanese manufacturing industries[J].Review of Economics & Statistics, 1989, 71（4）:555–564.

[2] Adner R, Levinthal D.Demand heterogeneity and technology evolution: Implications for product and process innovation[J].Management Science, 2001, 47（5）:611–628.

[3] Albert M B, Avery D, Narin F, et al. Direct validation of citation counts as indicators of industrially important patents[J].Research Policy, 2004, 20（3）:251–259.

[4] Alegre J, Chiva R.Linking entrepreneurial orientation and firm performance: The role of organizational learning capability and innovation performance[J].Journal of Small Business Management, 2013, 51（4）:491–507.

[5] Ali M, Park K.The mediating role of an innovative culture in the relationship between absorptive capacity and technical and non-technical innovation[J].Journal of Business Research, 2016, 69（5）:1669–1675.

[6] Allison J R, Hunter S D.On the feasibility of improving patent quality one technology at a time: The case of business methods[J].Berkeley Technology Law Journal, 2005（2）.

[7] Ambrammal S K, Sharma R.Impact of patenting on firms' performance: An empirical investigation based on manufacturing firms in india[J].Economics of Innovation & New Technology, 2016, 25（1）:14–32.

[8] Amir E, Lev B.Value-relevance of nonfinancial information: The wireless

communications industry[J].Social Science Electronic Publishing, 2004, 22（s1）:3–30.

[9] Anderson R C, Reeb D M.Founding-family ownership and firm performance: Evidence from the s&p 500[J].Journal of Finance, 2003, 58（3）:1301–1328.

[10] Andiappan M, Dufour L.Quick decisions tend to reinforce self-interest choices among mba students: The direct and moderating effects of temporal constraint and situational factors in ethical decision making[J].Canadian Journal of Administrative Sciences/Revue Canadienne des Sciences de l'Administration,2018,35（1）:20–33.

[11] Andries P, Faems D.Patenting activities and firm performance: Does firm size matter?[J].Journal of Product Innovation Management, 2013, 30（6）:1089–1098.

[12] Artz K W, Norman P M, Hatfield D E, et al. A longitudinal study of the impact of r&d, patents, and product innovation on firm performance[J].Journal of Product Innovation Management, 2010, 27（5）:725–740.

[13] Atallah G, Rodríguez G.Indirect patent citations[J].Scientometrics, 2006, 67（3）:437–465.

[14] Baron R M, Kenny D A.The moderator-mediator variable distinction in social psychological research: Conceptual, strategic, and statistical considerations[J].J Pers Soc Psychol, 1999, 51（6）:1173–1182.

[15] Baron R M, Kenny D A.The moderator-mediator variable distinction in social psychological research: Conceptual, strategic, and statistical considerations[M]. New York: Chapman and Hall, 1986.

[16] Baron R M, Kenny D A.The moderator–mediator variable distinction in social psychological research: Conceptual, strategic, and statistical considerations[J]. Journal of personality and social psychology, 1986, 51（6）:1173.

[17] Bermudez-Edo M, Hurtado-Torres N E, Ortiz-De-Mandojana, N.The in uence of international scope on the relationship between patented environmental innovations and firm performance[J].Business & Society, 2015, 43（1）:213–224.

[18] Bernardin H J, Beatty R W. Performance appraisal : Assessing human behavior at work[J].Kent Human Resource Management, 1984.

[19] Betz F. Managing technology: Competing through new ventures, innovation, and corporate research, 1987.

[20] Boasson V, Boasson E.Firm value, spatial knowledge flow, and innovation: Evidence from patent citations[J].China Finance Review International, 2015, 5（2）:132–160.

[21] Bos B，Faems D，Noseleit F.Alliance concentration in multinational companies: Examining alliance portfolios，firm structure，and firm performance[J].Strategic Management Journal，2017.

[22] Brockhoff K K.Indicators of firm patent activities[J].Technology management: the new international language，1991:476–481.

[23] Bronzini R，Piselli P.The impact of r&d subsidies on firm innovation[J].Research Policy，2016，45（2）:442–457.

[24] Brown B P，Mohan M，Boyd D E.Top management attention to trade shows and firm performance: A relationship marketing perspective[J].Journal of Business Research，2017，81:40–50.

[25] Burgelman R A，Christensen C M，Wheelwright，S.C.Strategic management of technology and innovation[M]. New York: McGraw-Hill Irwin，1996.

[26] Burke P F，Reitzig M.Measuring patent assessment quality—analyzing the degree and kind of（in）consistency in patent offices' decision making[J].Research Policy，2007，36（9）:1404–1430.

[27] Calantone R J，Cavusgil S T，Zhao Y.Learning orientation，firm innovation capability，and firm performance[J].Industrial Marketing Management，2002，31（6）:515–524.

[28] Camisón C，Villar-López A.Organizational innovation as an enabler of technological innovation capabilities and firm performance[J].Journal of Business Research，2014，67（1）:2891–2902.

[29] Carboni O A.R&d subsidies and private r&d expenditures: Evidence from italian manufacturing data[J].International Review of Applied Economics，2011，25（4）:419–439.

[30] Carpenter M P，Cooper M，Narin F.Linkage between basic research literature and patents[J].Research Management，1980，23（2）:30–35.

[31] Chae H C，Koh C E，Prybutok V R.Information technology capability and firm performance: Contradictory findings and their possible causes[J].MIS Quarterly，2014，38（1）:305–326.

[32] Chang K C，Chen D Z，Huang M H.The relationships between the patent performance and corporation performance[J].Journal of Informetrics，2012，6（1）:131–139.

[33] Chen M C，Gupta S.The incentive effects of r&d tax credits: An empirical

examination in an emerging economy[J].Journal of Contemporary Accounting & Economics，2016，13（3）:248–272.

[34] Chen S，Wang D.High performance work systems and organizational innovative capabilities in the prc: The mediating role of intellectual capital[J].Technology Management for Global Economic Growth Proceedings of Picmet，2010，9:1–9.

[35] Chen Y S，Chang K C.Using neural network to analyze the influence of the patent performance upon the market value of the us pharmaceutical companies[J]. Scientometrics，2009，80（3）:637–655.

[36] Chen Y S，Chang K C.The relationship between a firm's patent quality and its market value—the case of us pharmaceutical industry[J].Technological Forecasting and Social Change，2010a，77（1）:20–33.

[37] Chen Y S，Chang K C.The relationship between a firm's patent quality and its market value - the case of us pharmaceutical industry[J].Technological Forecasting and Social Change，2010b，77（1）:20–33.

[38] Chen Y，Wang Y，Nevo S，Benitez-Amado J，Kou，G. It capabilities and product innovation performance[J].Information & Management，2015，52（6）:643–657.

[39] Cockburn I M，Macgarvie M J.Entry and patenting in the software industry[J]. Social Science Electronic Publishing，2011，57（5）:915–933.

[40] Cohen W M，Levinthal D A.Absorptive capacity: A new perspective on learning and innovation[J].Administrative Science Quarterly，1990，35（1）:128–152.

[41] Cohen W M，Levinthal D A.Absorptive capacity: A new perspective on learning and innovation[J].Strategic Learning in A Knowledge Economy，2000，35（1）:39–67.

[42] Coombs.Strategic management theory :An integrated apprach[J].California Management Review，1996（4）:41–64.

[43] D'Este P.The distinctive patterns of capabilities accumulation and inter-firm heterogeneity: The case of the spanish pharmaceutical industry[J].Industrial & Corporate Change，2002，11（4）:847–874.

[44] Dernis H，Khan M.Triadic patent families methodology[J].Oecd Science Technology & Industry Working Papers，2004.

[45] Desarbo W S，Benedetto C A D，Song M，et al. Revisiting the miles and snow strategic framework: Uncovering interrelationships between strategic types，

capabilities, environmental uncertainty, and firm performance[J].Strategic Management Journal, 2010, 26（1）:47–74.

[46] Divisekera S, Nguyen V K.Determinants of innovation in tourism evidence from australia[J].Tourism Management, 2018, 67（2018）:157–167.

[47] Drucker P F.Post--capitalist society[J].Management Services, 1993, 29（2）:25–55.

[48] Ernst H.Patent portfolios for strategic r&d planning[J].Journal of Engineering and Technology Management, 1998, 15（4）:279–308.

[49] Ernst H.Patent applications and subsequent changes of performance: Evidence from time-series cross-section analyses on the firm level[J].Research Policy, 2001, 30（1）:143–157.

[50] Ernst H, Omland N.The patent asset index–a new approach to benchmark patent portfolios[J].World Patent Information, 2011, 33（1）:34–41.

[51] Escribano A, Fosfuri A, Tribó J A.Managing external knowledge flows: The moderating role of absorptive capacity[J].Research Policy, 2009, 38（1）:96–105.

[52] Ettlie J E.R&d and global manufacturing performance[J].Management Science, 1998, 44（1）:1–11.

[53] Filippetti A, Frenz M, Iettogillies G.The impact of internationalization on innovation at countries' level: The role of absorptive capacity[J].Cambridge Journal of Economics, 2017, 41（2）:págs. 413–439.

[54] Görg H, Strobl E.The effect of r&d subsidies on private r&d[J].Economica, 2007, 74（294）:215–234.

[55] Ghapar F, Brooks R, Smyth R.The impact of patenting activity on the financial performance of malaysian firms[J].Journal of the Asia Pacific Economy, 2014, 19（3）:445–463.

[56] Gilovich T, Griffin D, Kahneman D.Heuristics and biases: The psychology of intuitive judgment[M].Cambridge: Cambridge University Press, 2022.

[57] Gkypali A, Arvanitis S, Tsekouras K.Absorptive capacity, exporting activities, innovation openness and innovation performance: A sem approach towards a unifying framework[J].Technological Forecasting and Social Change, 2018, 132:143–155.

[58] Gordon G G.Industry determinants of organizational culture[J].Academy of Management Review, 1991, 16（2）:396–415.

[59] Graf S W.Improving patent quality through identification of relevant prior art:

Approaches to increase information ow to the patent office[J].Lewis & Clark L.rev，2007.

[60] Griliches Z.Issues in assessing the contribution of research and development to productivity growth[J].Bell Journal of Economics，1979，10（1）:92–116.

[61] Griliches Z.Patent statistics as economic indicators: A survey[J].Journal of Economic Literature，1990，28（4）:1661–1707.

[62] Griliches Z，Hall B H，Pakes A.R&d，patents，and market value revisited: Is there a second（technological opportunity）factor?[J].Economics of Innovation and new technology，1991，1（3）:183–201.

[63] Grimpe C，Sofka W.Search patterns and absorptive capacity: Low- and high-technology sectors in european countries[J].Research Policy，2009，38（3）:495–506.

[64] Guellec D.The impact of public r&d expenditure on business r&d[J].Ulb Institutional Repository，2003，12（3）:225–243.

[65] Guellec D，Van Pottelsberghe De La Potterie，B.The impact of public r&d expenditure on business r&d[J].Economics of innovation and new technology，2003，12（3）:225–243.

[66] Gutiérrez L J G，Bustinza O F，Molina V B.Six sigma，absorptive capacity and organisational learning orientation[J].International Journal of Production Research，2012，50（3）:661–675.

[67] Hall B H.The financing of research and development[J].Oxford Review of Economic Policy，2002，18（1）:35–51.

[68] Hall B H，Harhoff D.Post-grant reviews in the u.S. Patent system-design choices and expected impact[J].Berkeley Technology Law Journal，2004，19（3）.

[69] Hall B H，Jaffe A，Trajtenberg M.Market value and patent citations[J].Rand Journal of Economics，2005，36（1）:16–38.

[70] Hayes A F.Beyond baron and kenny: Statistical mediation analysis in the new millennium[J].Communication monographs，2009，76（4）:408–420.

[71] Hayes A F，Rockwood N J.Regression-based statistical mediation and moderation analysis in clinical research: Observations，recommendations，and implementation[J].Behaviour research and therapy，2017，98:39–57.

[72] Hayes A F，Scharkow M.The relative trustworthiness of inferential tests of the indirect effect in statistical mediation analysis: Does method really matter?[J].

Psychological science，2013，24（10）:1918–1927.

[73] Heckman J J.Sample selection bias as a specification error[J].Econometrica，1979，47（1）:153–161.

[74] Helmers C，Rogers M.Does patenting help high-tech start-ups? [J].Research Policy，2011，40（7）:1016–1027.

[75] Hirschey M，Richardson V J.Valuation effects of patent quality: A comparison for japanese and u.S. Firms[J].Pacific-Basin Finance Journal，2001，9（1）:65–82.

[76] Hirshleifer D，Hsu P H，Li D.Innovative efficiency and stock returns[J].Journal of Financial Economics，2013，107（3）:632–654.

[77] Hirshleifer D，Hsu PH，Li D.Innovative efficiency and stock returns [J].Journal of Financial Economics，2012，107（3）:632–654.

[78] Hochleitner F P，Arbussà A，Coenders G.Inbound open innovation in smes: Indicators，non-financial outcomes and entry-timing[J].Technology Analysis & Strategic Management，2017，29（2）:204–218.

[79] Hottenrott H，Peters B.Innovative capability and financing constraints for innovation: More money，more innovation?[J].Review of Economics & Statistics，2012，94（9–081）:1–40.

[80] Jin B，Feng L，Piao H J，et al. Research on information fusion model for patent retrieval[J].Information Technology Journal，2011，10（1）:164–167.

[81] Jirásek M.The relationship between r&d spending instability and a firm's performance[C]// The relationship between r&d spending instability and a firm's performance. International Conference on Management，Leadership and Governance.

[82] Judd C M，Kenny D A.Process analysis: Estimating mediation in treatment evaluations[J].Evaluation review，1981，5（5）:602–619.

[83] Jun W，Genfu F.Heterogeneous institutional investor，nature of firm and independent innovation [J].Economic Research Journal，2012，3:53–64.

[84] Kasahara H，Shimotsu K，Suzuki M.Does an r&d tax credit affect r&d expenditure? The japanese r&d tax credit reform in 2003[J].Journal of the Japanese & International Economies，2014，31（C）:72–97.

[85] Khalili H，Nejadhussein S，Fazel A.The in uence of entrepreneurial orientation on innovative performance: Study of a petrochemical company in iran[J].Journal of Knowledge-based Innovation in China，2013，5（3）.

[86] Kim L.Crisis construction and organizational learning: Capability building in catching-up at hyundai motor[J].Organization science，1998，9（4）:506–521.

[87] Kirby J.Toward a theory of high performance[J].Harvard Business Review，2005，83（7）:30.

[88] Kostopoulos K，Papalexandris A，Papachroni M，et al. Absorptive capacity，innovation，and financial performance[J].Journal of Business Research，2011，64（12）:1335–1343.

[89] Lahiri N，Narayanan S.Vertical integration，innovation，and alliance portfolio size: Implications for firm performance[J].Strategic Management Journal，2013，34（9）:1042–1064.

[90] Lane P J，Lubatkin M.Relative absorptive capacity and interorganizational learning[J].Strategic Management Journal，1998，19（5）:461–477.

[91] Lau A K W，Lo W.Regional innovation system，absorptive capacity and innovation performance: An empirical study[J].Technological Forecasting & Social Change，2015，92:99–114.

[92] Lee B，Cho H H，Shin J.The relationship between inbound open innovation patents and financial performance: Evidence from global information technology companies[J].Asian Journal of Technology Innovation，2015，23（3）:289–303.

[93] Lee E Y，Cin B C.The effect of risk-sharing government subsidy on corporate r&d investment: Empirical evidence from korea[J].Technological Forecasting & Social Change，2010，77（6）:881–890.

[94] Leonard-Barton D.Core capabilities and core rigidities: A paradox in managing new product development[J].Strategic Management Journal，1992，13（S1）:111–125.

[95] Lerner J.The importance of patent scope: An empirical analysis[J].Rand Journal of Economics，1994，25（2）:319–333.

[96] Linton J D.De-babelizing the language of innovation[J].Technovation，2009，29（11）:729–737.

[97] Lisboa A，Skarmeas D，Lages C.Innovative capabilities: Their drivers and effects on current and future performance[J].Journal of Business Research，2011，64（11）:1157–1161.

[98] Liu H，Ke W，Wei K K，et al. The impact of it capabilities on firm performance: The mediating roles of absorptive capacity and supply chain agility[J].Decision Support Systems，2013，54（3）:1452–1462.

[99] Liu X, Buck T.Innovation performance and channels for international technology spillovers: Evidence from chinese high-tech industries[J].Research policy, 2007, 36（3）:355–366.

[100] Liu X Q, Chen X D.How patenting is correlated with firm performance: Evidence from chinese it top 100 firms[J].Studies in Science of Science, 2010, 28（1）:26–32.

[101] MacKinnon D P, Lockwood C M, Hoffman J M, et al. A comparison of methods to test mediation and other intervening variable effects[J].Psychological methods, 2002, 7（1）:83.

[102] Mahlich J C.Patents and performance in the japanese pharmaceutical industry: An institution-based view[J].Asia Pacific Journal of Management, 2010, 27（1）:99–113.

[103] Mann R J, Sager T W. Patents, venture capital, and software start-ups[J]. Research Policy, 2007, 36（2）:193–208.

[104] Maresch D, Fink M, Harms R.When patents matter: The impact of competition and patent age on the performance contribution of intellectual property rights protection[J].Technovation, 2015.

[105] Marino M, Lhuillery S, Parrotta P, Sala D.Additionality or crowding-out? An overall evaluation of public r&d subsidy on private r&d expenditure[J].Research Policy, 2016, 45（9）:1715–1730.

[106] Meeus M T H, Oerlemans L A G.Firm behaviour and innovative performance : An empirical exploration of the selection–adaptation debate[J].Research Policy, 2000, 29（1）:41–58.

[107] Mollick E.People and process, suits and innovators: The role of individuals in firm performance[J].Social Science Electronic Publishing, 2012, 33（9）:1001–1015.

[108] Moreno R, Paci R, Usai S.Spatial spillovers and innovation activity in european regions[J].Social Science Electronic Publishing, 2005, 37（10）:1793–1812.

[109] Morgan R E, Berthon P.Market orientation, generative learning, innovation strategy and business performance inter-relationships in bioscience firms[J]. Journal of Management Studies, 2008, 45（8）:1329–1353.

[110] Mowery D C, Oxley J E, Silverman B S.Technological overlap and interfirm cooperation: Implications for the resource-based view of the firm[J].Research policy, 1998, 27（5）:507–523.

[111] Narin F, Carpenter M P, Woolf P.Technological performance assessments

based on patents and patent citations[J].IEEE Transactions on Engineering Management, 2017, EM–31（4）:172–183.

[112] Nasierowski W, Arcelus F J.On the efficiency of national innovation systems[J]. Socio-Economic Planning Sciences, 2003, 37（3）:215–234.

[113] Nelson R R.The simple economics of basic scientific research[J].Journal of Political Economy, 1959, 67（3）:297–306.

[114] Ngo L V, O'Cass A.In search of innovation and customer-related performance superiority: The role of market orientation, marketing capability, and innovation capability interactions[J].Journal of Product Innovation Management, 2012, 29（5）:861–877.

[115] Nordhaus W D.The optimal life of a patent[J].Cowles Foundation Discussion Papers, 1967.

[116] Pakes A, Schankerman M.The rate of obsolescence of patents, research gestation lags, and the private rate of return to research resources[J].Nber Chapters, 1987:98–112.

[117] Perkmann M, Walsh K.The two faces of collaboration: Impacts of university-industry relations on public research[J].Druid Working Papers, 2010, 18（6）:1033–1065.

[118] Pfeffer J, Salancik G R.The external control of organizations: A resource dependence perspective[M].Heidelberg: Springer us, 2000.

[119] Phelps C, Heidl R, Wadhwa A.Knowledge, networks, and knowledge networks: A review and research agenda[J].Journal of Management, 2012, 38（4）:1115–1166.

[120] Preacher K J, Hayes A F.Spss and sas procedures for estimating indirect effects in simple mediation models[J].Behavior Research Methods Instruments & Computers, 2004, 36（4）:717–731.

[121] Preacher K J, Rucker D D, Hayes A F.Addressing moderated mediation hypotheses: Theory, methods, and prescriptions[J].Multivariate Behav Res, 2007, 42（1）:185–227.

[122] Price J M, Sun W.Doing good and doing bad: The impact of corporate social responsibility and irresponsibility on firm performance[J].Journal of Business Research, 2017, 80:82–97.

[123] Prud'Homme D.Dulling the cutting edge: How patent-related policies and

practices hamper innovation in china[J].Mpra Paper，2012.

[124] R B E，R M.Does absorptive capacity determine collaboration returns to innovation? A geographical dimension[J].The Annals of Regional Science，2018，60（3）:473–499.

[125] Rahomee A Q，Aljanabi A，Azila N，et al. The mediating role of absorptive capacity in its effect on organizational support factors and technological innovation[J].Information Management & Business Review，2014，6:25–41.

[126] Ramírez M A N，Rivero R A B，Beltrán A G O，et al. Relationship between flexible organizational culture and innovation capabilities: The moderating effect of rigid organizational culture[J].International Review of Management & Marketing，2018，7.

[127] Rao N.Do tax credits stimulate r&d spending? The effect of the r&d tax credit in its first decade[J].Journal of Public Economics，2016，140:1–12.

[128] Rasoulian S，Grégoire Y，Legoux R et al. Service crisis recovery and firm performance: Insights from information breach announcements[J].Journal of the Academy of Marketing Science，2017，45（6）:1–18.

[129] Ravichandran，T，Lertwongsatien，C.Effect of information systems resources and capabilities on firm performance: A resource-based perspective[J].Journal of Management Information Systems，2005，21（4）:237–276.

[130] Richard P J，Devinney T M，Yip G S，et al. Measuring organizational performance: Towards methodological best practice[J].Ssrn Electronic Journal，2009，35（3）:718–804.

[131] Ringov D.Dynamic capabilities and firm performance[J].Long Range Planning，2017，50（5）:653–664.

[132] Saint-Georges M D A quality index for patent systems[J].Research Policy，2013，42（3）:704–719.

[133] Santhanam R，Hartono E.Issues in linking information technology capability to firm performance[J].Mis Quarterly，2003，27（1）:125–153.

[134] Sapsalis E，Ran N.Academic versus industry patenting: An in-depth analysis of what determines patent value[J].Research Policy，2006，35（10）:1631–1645.

[135] Schankerman M，Pakes A.Estimates of the value of patent rights in european countries during the post-1950 period[J].Economic Journal，1986，96（384）:1052–1076.

[136] Schettino F, Sterlacchini A, Venturini F.Inventive productivity and patent quality: Evidence from italian inventors[J].Journal of Policy Modeling, 2013, 35（6）:1043–1056.

[137] Schumpeter J A.Capitalism, socialism and democracy[M]. New York: Routledge, 1942.

[138] Schumpeter J A.Business cycles[M].Cambridge: Cambridge Univ Press, 1939.

[139] Schumpeter J A.The theory of economic development: An inquiry into profits, capital, credit, interest, and the business cycle[M]. Oxford: Transaction publishers, 1934.

[140] Schwartz M, Peglow F, Fritsch M, et al. What drives innovation output from subsidized r&d cooperation?—project-level evidence from germany[J]. Technovation, 2012, 32（6）:358–369.

[141] Shin N, Kraemer K L, Dedrick J.R&d and firm performance in the semiconductor industry[J].Industry & Innovation, 2016:1–18.

[142] Sobel M E.Asymptotic confidence intervals for indirect effects in structural equation models[J].Sociological methodology, 1982, 13:290–312.

[143] Spence M. Cost reduction, competition and industry performance New developments in the analysis of market structure[J].Springer, 1986:475–518.

[144] Spence M.Cost reduction, competition and industry performance[J]. Econometrica, 1984, 52（1）:101–121.

[145] Stek P E, van Geenhuizen M S.The in uence of international research interaction on national innovation performance: A bibliometric approach[J].Technological Forecasting and Social Change, 2016, 110:61–70.

[146] Suh J H.Exploring the effect of structural patent indicators in forward patent citation networks on patent price from firm market value[J].Technology Analysis & Strategic Management, 2015, 27（5）:485–502.

[147] Tödtling F, Lehner P, Kaufmann A.Do different types of innovation rely on specific kinds of knowledge interactions?[J].Technovation, 2009, 29（1）:59–71.

[148] Takalo T, Tanayama T, Toivanen O.Estimating the benefits of targeted r&d subsidies[J].Review of Economics and Statistics, 2013, 95（1）:255–272.

[149] Tan S H, Habibullah M S, Tan S K, et al. The impact of the dimensions of environmental performance on firm performance in travel and tourism industry[J]. Journal of Environmental Management, 2017, 203（1）.

[150] Todorova G，Durisin B.Absorptive capacity: Valuing a reconceptualization[J]. Academy of Management Review，2007，32（3）:774–786.

[151] Toro V，Guillermo J.Patent quality and company performance: A sample within the USA biotechnology and pharmaceutical industry[J].Dissertations & Theses - Gradworks，2013.

[152] Trajtenberg M A penny for your quotes: Patent citations and the value of innovations[J].Rand Journal of Economics，1990，21（1）:172–187.

[153] Tsai W.Knowledge transfer in intraorganizational networks: Effects of network position and absorptive capacity on business unit innovation and performance[J]. Academy of management journal，2001，44（5）:996–1004.

[154] Van Den Bosch F A，Volberda H W，De Boer M.Coevolution of firm absorptive capacity and knowledge environment: Organizational forms and combinative capabilities[J].Organization science，1999，10（5）:551–568.

[155] Wagner R P.Understanding patent-quality mechanisms[J].University of Pennsylvania Law Review，2009，157（6）:2135–2173.

[156] Wallsten S J.The effects of government-industry r&d programs on private r&d: The case of the small business innovation research program[J].The rand Journal of Economics，2000:82–100.

[157] Wang C H，Chin Y C，Tzeng G H.Mining the r&d innovation performance processes for high-tech firms based on rough set theory[J].Technovation，2010，30（7）:447–458.

[158] Wang C L，Ahmed P K.The development and validation of the organisational innovativeness construct using confirmatory factor analysis[J].European Journal of Innovation Management，2004，volume 7（4）:303–313（311）.

[159] Wang Q，Yuan B.Air pollution control intensity and ecological total-factor energy efficiency: The moderating effect of ownership structure[J].Journal of Cleaner Production，2018，186:373–387.

[160] Wernerfelt B.A resource-based view of the firm[J].Strategic Management Journal，1984，5（2）:171–180.

[161] Wuryaningrat N F.Knowledge sharing，absorptive capacity and innovation capabilities: An empirical study on small and medium enterprises in north sulawesi，indonesia[J].Gadjah Mada International Journal of Business，2013，15（1）.

[162] Yang C H, Chen Y H.R&d, productivity, and exports: Plant-level evidence from indonesia[J].Economic Modelling, 2012, 29（2）:208–216.

[163] Yayavaram S, Chen W R.Changes in firm knowledge couplings and firm innovation performance: The moderating role of technological complexity[J]. Strategic Management Journal, 2015, 36（3）:377–396.

[164] Yi J, Wang C, Kafouros M.The effects of innovative capabilities on exporting: Do institutional forces matter?[J].International Business Review, 2013, 22（2）:392–406.

[165] Yoon J, Solomon G T.A curvilinear relationship between entrepreneurial orientation and firm performance: The moderating role of employees' psychological safety[J].International Entrepreneurship and Management Journal, 2017:1–18.

[166] Young A.Gold into base metals: Productivity growth in the people's republic of china during the reform period[J].Nber Working Papers, 2000, 111（6）:1220–1261.

[167] Zaheer A, Bell G G.Benefiting from network position: Firm capabilities, structural holes, and performance[J].Strategic Management Journal, 2005, 26（9）:809–825.

[168] Zahra S A, George G.Absorptive capacity: A review, reconceptualization, and extension[J].Academy of management review, 2002, 27（2）:185–203.

[169] Zhang A, Zhang Y, Zhao R.A study of the r&d efficiency and productivity of chinese firms[J].Journal of Comparative Economics, 2003, 31（3）:444–464.

[170] Zott C, Amit R.The fit between product market strategy and business model: Implications for firm performance[J].Strategic Management Journal, 2008, 29（1）:1–26.

[171] 白俊红.中国的政府r&d资助有效吗？来自大中型工业企业的经验证据[J].经济学（季刊）, 2011, 10（4）:1375–1400.

[172] 白俊红, 蒋伏心.协同创新、空间关联与区域创新绩效[J].经济研究, 2015（7）:174–187.

[173] 陈恒, 侯建.自主研发创新，知识积累与科技绩效——基于高技术产业数据的动态门槛机理研究[J].科学学研究, 2016, 34（9）:1301–1309.

[174] 陈恒, 侯建.R&d投入、fdi流人与国内创新能力的门槛效应研究——基于地区知识产权保护异质性视角[J].管理评论, 2017, 29（6）:85–95.

[175] 陈玲，杨文辉.政府研发补贴会促进企业创新吗?——来自中国上市公司的实证研究[J].科学学研究，2016，34（3）:433–442.

[176] 陈瑞，郑毓煌，刘文静.中介效应分析:原理、程序、bootstrap方法及其应用[J].营销科学学报，2013（4）:120–135.

[177] 陈岩，湛杨灏，王丽霞，等.研发投入、独立董事结构与创新绩效——基于中国上市家族企业的实证检验[J].科研管理，2018，V39（1）:95–107.

[178] 崔也光，赵迎.我国高新技术行业上市公司无形资产现状研究[J].会计研究，2013（3）:59–64.

[179] 戴小勇，成力为.研发投入强度对企业绩效影响的门槛效应研究[J].科学学研究，2013，31（11）:1708–1716.

[180] 戴小勇，成力为.财政补贴政策对企业研发投入的门槛效应[J].科研管理，2014，6:68–76.

[181] 邓进.中国高新技术产业研发资本存量和研发产出效率[J].南方经济，2007（8）:56–64.

[182] 丁娜.技术密集型行业的技术创新与企业绩效关系研究[D].长春:吉林大学，2016.

[183] 樊纲，王小鲁，马光荣.中国市场化进程对经济增长的贡献[J].经济研究，2011（9）:4–16.

[184] 房宏琳.我国中央企业自主创新能力研究[D].哈尔滨:哈尔滨理工大学，2015.

[185] 付敬，朱桂龙.知识源化战略、吸收能力对企业创新绩效产出的影响研究[J].科研管理，2014，35（3）:25–34.

[186] 傅家骥.技术创新学[M].北京:清华大学出版社，1998.

[187] 傅利平，李永辉.政府资助、创新能力与企业存续时间[J].科学学研究，2015，33（10）:1496–1503.

[188] 高辉.中国情境下的制度环境与企业创新绩效关系研究[D].长春:吉林大学，2017.

[189] 谷丽，郝涛，任立强，等.专利质量评价指标相关研究综述[J].科研管理，2017（s1）:27–33.

[190] 谷丽，阎慰椿，丁堃.专利申请质量及其测度指标研究综述[J].情报杂志，2015（5）:17–22.

[191] 谷丽，阎慰椿，韩雪，等.专利申请质量评价指标体系研究[J].科研管理，2018（s1）.

[192] 郭迎锋，顾炜宇，乌天玥，等.政府补贴对企业 r&d 投入的影响——来自我国大中型工业企业的证据[J].中国软科学，2016（3）:162–174.

[193] 洪俊杰，石丽静.自主研发、地区制度差异与企业创新绩效——来自371家创新型企业的经验证据[J].科学学研究，2017，35（2）:310–320.

[194] 胡谍，王元地.企业专利质量综合指数研究——以创业板上市公司为例[J].情报杂志，2015（1）:77–82.

[195] 胡华夏，洪荭，肖露璐，等.税收优惠与研发投入——产权性质调节与成本粘性的中介作用[J].科研管理，2017，38（6）:135–143.

[196] 胡明霞.管理层权力、技术创新投入与企业绩效[J].科学学与科学技术管理，2015，36（8）:140–149.

[197] 胡永健，周寄中.政府直接资助企业技术创新绩效案例研究[J].管理评论，2009，21（3）:35–42.

[198] 简泽.中国省际技术创新能力的决定[J].科学学研究，2008，26（3）:652–658.

[199] 简兆权，吴隆增，黄静.吸收能力、知识整合对组织创新和组织绩效的影响研究[J].科研管理，2008，V29（1）:80–86.

[200] 李婧.政府r&d资助对企业技术创新的影响——一个基于国有与非国有企业的比较研究[J].研究与发展管理，2013，25（3）:18–24.

[201] 李婧，贺小刚，茆键.亲缘关系、创新能力与企业绩效[J].南开管理评论，2010，13（3）:117–124.

[202] 李平，刘利利.政府研发资助，企业研发投入与中国创新效率[J].科研管理，2017，38（1）:21–29.

[203] 李善民，叶会.股权结构与公司绩效的差异分析——基于产业要素密集度的视角[J].证券市场导报，2007（4）:35–43.

[204] 李四海，陈旋.企业家专业背景与研发投入及其绩效研究——来自中国高新技术上市公司的经验证据[J].科学学研究，2014，32（10）:1498–1508.

[205] 李显君，王巍，刘文超，等.中国上市汽车公司所有权属性、创新投入与企业绩效的关联研究[J].管理评论，2018（2）:71–82.

[206] 李显君，钟领，王京伦，等.开放式创新与吸收能力对创新绩效影响——基于我国汽车企业的实证[J].科研管理，2018，V39（1）:45–52.

[207] 李雪峰，蒋春燕.战略人力资源管理与企业绩效:不正当竞争与政府支持的调节作用[J].管理世界，2011（8）:182–183.

[208] 李忆，马莉，苑贤德.企业专利数量、知识离散度与绩效的关系——基于高科技上市公司的实证研究[J].情报杂志，2014（2）:194–200.

[209] 李永，王砚萍，马宇.制度约束下政府r&d资助挤出效应与创新效率[J].科研管理，2015，36（10）:58–65.

[210] 李贞，杨洪涛.吸收能力、关系学习及知识整合对企业创新绩效的影响研究——来自科技型中小企业的实证研究[J].科研管理，2012，33（1）:79–89.

[211] 李仲飞，杨亭亭.专利质量对公司投资价值的作用及影响机制[J].管理学报，2015，12（8）:1230.

[212] 刘超，刘新梅，李彩凤.吸收能力、组织整合、创造力与创新绩效的关系研究[J].科研管理，2017，38（10）:76–84.

[213] 刘超，刘新梅，李彩凤.吸收能力、组织整合、创造力与创新绩效的关系研究[J].科研管理，2017，V38（10）:76–84.

[214] 刘督，万迪昉，吴祖光.我国创业板市场能够识别创新质量吗?[J].科研管理，2016，37（12）:46–54.

[215] 刘放，杨筝，杨曦.制度环境、税收激励与企业创新投入[J].管理评论，2016，28（2）:61–73.

[216] 刘小青，陈向东.专利活动对企业绩效的影响——中国电子信息百强实证研究[J].科学学研究，2010，28（1）:26–32.

[217] 刘玉琴，汪雪锋，雷孝平.基于文本挖掘技术的专利质量评价与实证研究[J].计算机工程与应用，2007，43（33）:12–14.

[218] 卢方元，李小鸽.基于svar模型的自主创新投入产出动态效应分析——以我国大中型工业企业为例[J].科研管理，2014，35（1）:25–32.

[219] 鲁桐，党印.公司治理与技术创新:分行业比较[J].经济研究，2014（6）:115–128.

[220] 栾强，罗守贵.R&d资助、企业创新和技术进步——基于国有企业与民营企业对比的实证研究[J].科学学研究，2017，35（4）:625–632.

[221] 马廷灿，李桂菊，姜山，等.专利质量评价指标及其在专利计量中的应用[J].图书情报工作，2012，56（24）:89–95.

[222] 马文聪，李小转，廖建聪，张光宇.不同政府科技资助方式对企业研发投入的影响[J].科学学研究，2017，35（5）:689–699.

[223] 其格其，高霞，曹洁琼.我国ict产业产学研合作创新网络结构对企业创新绩效的影响[J].科研管理，2016，37:110–115.

[224] 钱锡红，杨永福，徐万里.企业网络位置、吸收能力与创新绩效——一个交互效应模型[J].管理世界，2010，5:118–129.

[225] 冉伦，李金林.因子分析法在中小企业板块上市公司综合业绩评价中的应用[J].数理统计与管理，2005，24（1）:75–80.

[226] 任洪源，刘刚，罗永泰.知识资源、研发投入与企业跨境创新绩效关系研究——基于面板数据门限回归的实证分析[J].管理评论，2017，29（1）:105–113.

[227] 尚洪涛，黄晓硕.政府资助、研发投入与创新绩效的动态交互效应[J].科学学研究，2018（3）.

[228] 宋河发，穆荣平，陈芳.专利质量及其测度方法与测度指标体系研究[J].科学学与科学技术管理，2010，31（4）:21–27.

[229] 宋河发，穆荣平，陈芳，等.基于中国发明专利数据的专利质量测度研究[J].科研管理，2014，35（11）:68–76.

[230] 宋爽，陈向东.区域技术差异对专利价值的影响[J].科研管理，2016，V37（9）:68–77.

[231] 苏中锋，王海绒，张文红.整合独立研发与合作研发:吸收能力的影响[J].科研管理，2016，37（11）:11–17.

[232] 孙早，宋炜.企业r&d投入对产业创新绩效的影响——来自中国制造业的经验证据[J].数量经济技术经济研究，2012（4）:49–63.

[233] 万小丽.知识产权战略实施绩效评估中的专利质量指标及其作用研究[J].科学学与科学技术管理，2009，30（11）:69–74.

[234] 万小丽.专利质量指标研究[D].武汉：华中科技大学，2009.

[235] 王春豪，张杰，马俊.精益库存管理对企业绩效的影响研究——来自中国制造业上市公司的实证检验[J].管理评论，2017，29（5）:165–174.

[236] 王国顺，杨昆.社会资本、吸收能力对创新绩效影响的实证研究[J].管理科学，2011，24（5）:23–36.

[237] 王建，胡珑瑛，马涛.吸收能力，开放度与创新平衡模式的选择——基于上市公司的实证研究[J].科学学研究，2015（2）:304–312.

[238] 王楠，苏杰，黄静.CEO权力异质性视角下政府资助对创业板企业研发投入的影响研究[J].管理学报，2017，14（8）:1199–1207.

[239] 王楠，张立艳，李思晗.研发投入、市场结构对高技术企业绩效的影响[J].中国科技论坛，2017，5（7）:72–79.

[240] 王维，吴佳颖，章品锋.政府补助、研发投入与信息技术企业价值研究[J].科技进步与对策，2016，33（22）:86–91.

[241] 王文甫，明娟，岳超云.企业规模、地方政府干预与产能过剩[J].管理世界，2014（10）:17–36.

[242] 王永健，谢卫红，王田绘，等.强弱关系与突破式创新关系研究——吸收能力的中介作用和环境动态性的调节效应[J].管理评论，2016，28（10）:111–122.

[243] 温忠麟，叶宝娟.有调节的中介模型检验方法：竞争还是替补[J].心理学报，2014，46（5）:714–726.

[244] 温忠麟，叶宝娟.中介效应分析：方法和模型发展[J].心理科学进展，2014，22（5）:731–745.

[245] 温忠麟，张雷，侯杰泰.有中介的调节变量和有调节的中介变量[J].心理学报，2006，38（3）:448–452.

[246] 温忠麟，张雷，侯杰泰，等.中介效应检验程序及其应用[J].心理学报，2004，36（5）:614–620.

[247] 文家春.专利审查行为对技术创新的影响机理研究[J].科学学研究，2012，30（6）:848–855.

[248] 吴爱华，苏敬勤.人力资本专用性、创新能力与新产品开发绩效——基于技术创新类型的实证分析[J].科学学研究，2012，30（6）:950–960.

[249] 吴超鹏，唐茹.知识产权保护执法力度、技术创新与企业绩效——来自中国上市公司的证据[J].经济研究，2016（11）:125–139.

[250] 吴建祖，肖书锋.创新注意力转移、研发投入跳跃与企业绩效——来自中国A股上市公司的经验证据[J].南开管理评论，2016，19（2）:182–192.

[251] 吴晓波，陈颖.基于吸收能力的研发模式选择的实证研究[J].科学学研究，2010，28（11）:1722–1730.

[252] 吴延兵.R&d存量、知识函数与生产效率[J].经济学（季刊），2006，5（3）:1129–1156.

[253] 吴玉鸣.工业研发、产学合作与创新绩效的空间面板计量分析[J].科研管理，2015，36（4）:118–127.

[254] 武咸云，陈艳，李秀兰，等.战略性新兴产业研发投入、政府补助与企业价值[J].科研管理，2017，V38（9）:30–34.

[255] 项国鹏，黄玮.创业扶持方式与新创企业绩效的关系研究[J].科学学研究，2016，34（10）:1561–1568.

[256] 许春.中国企业非相关多元化与创新投入关系研究[J].科研管理，2016，37（7）:62–70.

[257] 许庆瑞.全面创新管理：理论与实践[M].北京:科学出版社，2007.

[258] 薛明皋，刘璘琳.专利质押贷款环境下的专利价值决定因素研究[J].科研管理，2013，34（2）:120–127.

[259] 尹美群，盛磊，李文博.高管激励、创新投入与公司绩效——基于内生性视角的分行业实证研究[J].南开管理评论，2018（1）:109–117.

[260] 于洪彦，黄晓治，曹鑫.企业社会责任与企业绩效关系中企业社会资本的调节作用[J].管理评论，2015，27（1）:169.

[261] 余伟婷，蒋伏心.公共研发投资对企业研发投入杠杆作用的研究[J].科学学研究，2017，35（1）:85–92.

[262] 余泳泽，刘大勇.我国区域创新效率的空间外溢效应与价值链外溢效应——创新价值链视角下的多维空间面板模型研究[J].管理世界，2013（7）:6–20.

[263] 袁晓东，蔡学辉，许艳霞.我国专利侵权赔偿制度实施效果及法定赔偿数额影响因素研究[J].情报杂志，2017，36（5）:192–198.

[264] 翟海燕，董静，汪江平.政府科技资助对企业研发投入的影响——基于heckman样本选择模型的研究[J].研究与发展管理，2015，27（5）:34–43.

[265] 翟淑萍，毕晓方.高管持股、政府资助与高新技术企业研发投资——兼议股权结构的治理效应[J].科学学研究，2016，34（9）:1371–1380.

[266] 张大鹏，孙新波，刘鹏程，等.整合型领导力对组织创新绩效的影响研究[J].管理学报，2017，14（3）:389–399.

[267] 张杰，孙超，翟东升，等.基于诉讼专利的专利质量评价方法研究[J].科研管理，2018（5）.

[268] 张军荣.中国"拜杜规则"下的高校专利活动实证研究[D].武汉：华中科技大学，2015.

[269] 张军荣.开放式创新能提升专利质量吗?[J].科研管理，2017，V38（11）:103–109.

[270] 张军荣，袁晓东.中国"拜杜规则"促进高校专利产出了吗?[J].科学学研究，2014，32（12）.

[271] 张馨.武汉市技术先进型服务业发展的影响因子、创新能力和创新网络的实证研究:[博士论文]. 2016.

[272] 张秀峰，陈光华，杨国梁，等.企业所有权性质影响产学研合作创新绩效了吗?[J].科学学研究，2015，33（6）:934–942.

[273] 张越艳，李显君，孟祥莺，等.汽车行业高管薪酬对企业创新能力的影响研究[J].管理评论，2017，29（6）:106–117.

[274] 张振刚，陈志明，李云健.开放式创新、吸收能力与创新绩效关系研究[J].科研管理，2015，36（3）:49–56.

[275] 张治河，许珂，李鹏.创新投入的延迟效应与创新风险成因分析[J].科研管理，2015，V36（5）:10–20.

[276] 郑建君，金盛华，马国义.组织创新气氛的测量及其在员工创新能力与创新绩效关系中的调节效应[J].心理学报，2009，41（12）:1203–1214.

[277] 钟腾，汪昌云.金融发展与企业创新产出——基于不同融资模式对比视角[J].金融研究，2017（12）:127–142.

[278] 钟祖昌.研发投入及其溢出效应对省区经济增长的影响[J].科研管理，2013，5:64–72.

[279] 朱沆，Kushins E，周影辉.社会情感财富抑制了中国家族企业的创新投入吗?[J].管理世界，2016，270（3）:99–114.

[280] 朱平芳，徐伟民.政府的科技激励政策对大中型工业企业r&d投入及其专利产出的影响——上海市的实证研究[J].经济研究，2003（6）:45–53.

[281] 朱清平.专利权与专利质量[J].发明与革新，2002（7）:20–21.

[282] 朱雪忠.辨证看待中国专利的数量与质量[J].中国科学院院刊，2013，4:3.

[283] 朱雪忠，万小丽.竞争力视角下的专利质量界定[J].知识产权，2009（4）:7–14.